富竹泉 撰

綠棠吟館書目

國家圖書館出版社

圖書在版編目(CIP)數據

緑棠吟館書目/富竹泉撰. —北京:國家圖書館出版社,2021.3
ISBN 978-7-5013-7186-0

Ⅰ. ①緑… Ⅱ. ①富… Ⅲ. ①私人藏書-圖書目録-中國-近代 Ⅳ. ①Z842.6

中國版本圖書館 CIP 數據核字(2021)第 002373 號

書　　名	緑棠吟館書目
著　　者	富竹泉　撰
責任編輯	潘竹
封面設計	程言工作室
出版發行	國家圖書館出版社(北京市西城區文津街 7 號　100034) (原書目文獻出版社　北京圖書館出版社) 010-66114536　63802249　nlcpress@nlc.cn(郵購)
網　　址	http://www.nlcpress.com
印　　裝	河北三河弘翰印務有限公司
版次印次	2021 年 3 月第 1 版　2021 年 3 月第 1 次印刷
開　　本	787×1092(毫米)　1/16
印　　張	42.25
書　　號	ISBN 978-7-5013-7186-0
定　　價	298.00 圓

前　言

《緑棠吟館書目》不分卷，富竹泉撰。稿本。綫裝八册。『洪吉紙店』箋紙。半葉八行，行二十字，小字雙行同。白口，四周雙邊。版框高18.5厘米，寬11.2厘米。北京師範大學圖書館藏。

卷端署『北平稚川居士輯注』，或署『宛平稚川居士』。稚川居士，即富竹泉，字稚川，號三畏，作畫時署『金臺三畏』，齋名『緑棠吟館』，宛平金臺（今屬北京）人。清末八旗文人，大概生於清同治年間，一九三三年仍在世，做過恭王府福晉的史官。其女富瑾瑜，字楚珩，著有《楚珩詩草》，未刊。

書目分經、史、子、集、末五大部，除經部外，其他部下細分類，史部下分正史類、編年類、古史類、别史類、雜史類、載記類、詔令奏議類、政書類、傳記類、姓名年譜類、史評類、地理類、金石類等十三類；子部下分儒家類、兵家類、法家類、農家類、天文算法類、藝術類、醫家類、數術類、卜筮類、星命類、選擇類、相法類、陽宅類、地理類、雜家類、小説類、釋道類等十七類；集部下分詩文集類、詩文詞集總類（下又細分文總類、詩總類、詩話類、詞總類）、方外集類、閨秀集類、詩餘類、詞曲傳奇類、尺牘類等；最後一册爲末部，含叢書類、類書類、書目類、小説類、彈詞、游戲書籍類、雜類補遺等。每書均著録書名、卷數、作者，其中大部分較詳細地著録版本情況。

書内有校改，多爲粘貼新紙覆蓋原紙，有的是替换整個條目，有的替换卷數或個别誤字，另有在某條目上標注『重』字。

首都圖書館藏一部稚川居士《考槃室詩草》，據首都圖書館著録，爲『民國鈔本』『洪吉紙莊』，北京師範大學圖書館藏本版心下印『洪吉紙店』，二本所用箋紙相同。

鈐『東莞張次溪藏』印。張次溪（1909—1968），名涵鋭、仲鋭，字次溪，號江裁，别署肇演、燕歸來主人、張大都等，廣東東莞人。曾任《民報》編輯，一九五二年院系調整後，任職於北京師範大學歷史系。致力於史學、方志學研究。

今國家圖書館出版社將《緑棠吟館書目》影印出版，可爲目録學、版本學研究提供重要資料，更可爲地方人物研究提供重要文獻，實乃讀者之幸事。

程仁桃

二〇二〇年五月

目録

緑棠吟館書目不分卷　富竹泉 撰　稿本

富竹泉 撰

緑棠吟館書目不分卷

稿本

綠棠吟館書目　經部一　二

綠棠吟館書目

北平稚川居士韓注

經部

十三經注疏共四百十六卷乾隆四年武英殿刻本

阮文達公元刻附校勘記書目列後

周易正義十卷魏王弼晉韓康伯注唐孔穎達等正義

尚書正義二十卷舊題漢孔安國傳唐孔穎達正義

毛詩正義七十卷漢毛亨傳鄭玄箋唐孔穎達正義

周禮注疏四十二卷四十二卷漢鄭元注唐賈公彥

儀禮注疏五十卷漢鄭玄注唐賈公彥疏

禮記正義六十卷晉杜預集解唐孔穎達正義

春秋左傳正義六十卷晉杜預集解唐孔穎達正義

春秋公羊傳注疏二十八卷漢何休解詁唐徐彥疏

春秋穀梁傳注疏二十卷晉范甯集解唐楊士勛疏

孝經注疏九卷唐元宗御注宋邢昺疏

論語注疏二十卷魏何晏等集宋邢昺疏

孟子注疏十四卷漢趙岐注舊題宋孫奭疏

爾雅注疏十卷晉郭璞注宋邢昺疏以上十三經

相臺岳氏古注五經宋岳珂校刊便文可稱相臺五經

易九卷一卷韓注附畧例　書十三卷孔傳

詩二十卷毛傳鄭箋　春秋左氏傳三十卷杜集解

禮記二十卷鄭注

永懷堂古注十三經目列後

易九卷附畧例一卷　書二十卷

詩二十卷　周禮四十二卷

禮記四十九卷　春秋左傳三十卷

春秋公羊二十卷　春秋穀梁二十卷

論語二十卷　孟子十四卷

孝經九卷　爾雅十卷

稽古樓單注巾箱本十三經

明監本宋元人注五經　明經廠本

易宋朱子本義四卷　宋程子傳四卷

書宋蔡沈集傳六卷　詩朱子集傳八卷

左傳杜注三十卷　禮記元陳澔集説十卷

明季以國子監雕版之書為貴故至今仍沿稱之

為監校云

四書章句集注十九卷以上正經正注合刻本

毛鄭詩三十卷詩譜一卷毛詩音義三卷附毛詩校字記一卷

重刻嘉靖本周禮鄭注十二卷附札記一卷顧廣圻校

福禮堂周禮注十二卷周氏刻本

影宋嚴州單注本儀禮十七卷附校錄一卷

影宋景德本儀禮疏五十卷蘇州汪氏校刻

影宋撫州單注本禮記二十卷附考異二卷張敦仁校刊

惠校本禮記注疏六十三卷惠棟依宋本校刊

影宋單注本公羊傳何注十一卷汪士鍾刊

校宋本孟子趙注十四卷孫奭音義二卷孔繼涵刊

附釋文爾雅單注本郭注十卷清芬閣校

武昌局刻周禮儀禮公羊穀梁孝經爾雅單注大字本皆古注卷數仍舊

仿宋本周易本義十二卷曹寅校刊

重刻宋本周易本義十二卷附呂氏音訓寶應劉氏校刊宋呂祖謙音訓

周易傳義音訓八卷附易學啓蒙程傳朱本義

書傳音釋六卷附書序蔡傳宋鄒季友音釋

縮刻宋淳祐大字本四書集注二十六卷

璜川吳氏仿宋本四書集注二十六卷附考四卷吳志忠校以上正經正注

分刻本

古香齋袖珍五經四書康熙間內府刻

秦氏巾箱本九經秦鏷刻

易三卷　書四卷　詩四卷　禮記六卷　周禮
六卷　春秋左傳十七卷　孝經一卷　論語二
卷　孟子七卷
計樹園十一經讀本　全文無注直音
春秋四傳合刻本　三十八卷左公穀胡元　佚名人編通行本
周禮讀本　十二卷袁樾校刊
周官精義　十二卷連斗山　通行本
得齋校本周官禮注　六卷殷盤校刻

儀禮章句 十七卷 吳廷華

儀禮易讀 十七卷 馬之駉 通行本

左傳讀本 三十卷 道光附敎撰

鄭氏易注 十卷 漢鄭元

周易鄭注 十二卷 丁杰輯補

鄭氏周易 三卷 惠棟 雅雨堂刊　周易 十卷 魏王弼注

子夏易傳 一卷 孫馮翼刻 問經堂本

周易述 一卷 吳陸績　易解 一卷 吳陸績

周易集解十七卷唐李鼎祚 李氏集解賸義一卷李富孫

周易口訣義六卷唐史徵

漢魏二十一家易注三十三卷孫堂輯刻本

横渠易說三卷宋張載

郭氏傳家易說十一卷宋郭雍

復齋易說六卷宋趙彥肅

誠齋易傳二十卷宋楊萬里

周易稗傳一卷外編一卷宋林至

紫巖易傳十卷宋張浚
易經十二卷首一卷末一卷宋朱熹李義
文公易說二十三卷宋朱鑑
伊川易傳四川宋程頤
周易要義十卷宋魏了翁
馬王易翼一卷問經堂輯李
孫氏周易集解十卷孫星衍校
周易虞氏義九卷虞氏消息二卷虞氏易禮二卷虞

氏易事 卷 易言 二卷 易候 一卷 張惠言

周易鄭氏義 二卷 仝上

周易荀氏九家義 一卷 仝上

易義別錄 十四卷 仝上

周易姚氏學 八卷 周易通論月令 二卷 姚配中

卦氣解 一卷 宋翔鳳

卦本圖考 一卷 胡秉虔

周易補疏 二卷 焦循

易緯八種 十二卷 武英殿聚珍本 目列後

乾坤鑿度 二卷
僞
乾鑿度 二卷 稽覽圖 二卷 辨終備 一卷 通卦驗 二卷 乾元序制記 一卷
僞
是類謀 一卷 坤靈圖 一卷

易緯略義 三卷 張惠言

乾鑿度鄭注 二卷 丁杰輯補

讀易別錄 三卷 全祖望

周易義海撮要 十二卷 宋李衡

易小帖八卷毛奇齡

易例二卷惠棟

易話二卷

易廣記三卷焦循

易箋八卷陳法

易隱八卷粵曹九錫

易圖明辨十卷胡渭

易圖條辨一卷張惠言

易經圖釋十二卷禾川劉定之

易解三卷晉干寶

易解一卷吳陸績

春秋占筮書三卷毛奇齡　易筮通變二卷朱竹垞藏

易音三卷顧炎武　舊抄本

京氏易傳三卷漢京房　此書多言占候故四庫列術數類

易漢學八卷惠棟

易象鉤解四卷明陳士元

易象意言一卷宋蔡淵

易本象四卷明黃道周

仲氏易三十卷毛奇齡　易確十二卷許桂林自刻本

易說六卷惠士奇　周易述十九卷惠棟　易徵言二
周易述補四卷江藩　易憲四卷明沈泓
太極圖說遺義一卷毛奇齡　河圖洛書原舛編一卷毛奇齡
周易本義集成十二卷宋熊良輔
周易本義辨正二卷長洲惠棟
周易索詁
讀易集說
來瞿唐易注十七卷明來知德　以上易經之屬

尚書大傳定本八卷漢伏勝　書經近指六卷孫奇逢
尚書馬鄭注十卷孫星衍輯　鄭氏古文尚書證訛十一卷宋王應麟
古文尚書疏證八卷太原閻若璩　尚書後案三十卷王鳴盛
尚書今古文注疏三十卷孫星衍　尚書說七卷宋黃度
尚書釋天六卷盛百二　書經體注之卷錢希祥
尚書地理今釋一卷蔣廷錫　書經精華之卷薛嘉穎
尚書補疏二卷焦循　書古微十二卷魏源
尚書餘論一卷丁晏　古文尚書辨一卷考一卷朱彝尊

太誓答問一卷 龔自珍

尚書詳解二十六卷 宋夏僎

古文尚書撰異三十三卷 段玉裁

尚書大義二卷 吳闓生

尚書中候鄭注五卷 學津輯本

尚書通考十卷 元黃鎮成

古文尚書考二卷 惠棟

尚書王氏注二卷 魏王肅

尚書集注音疏十二卷

尚書經師系表一卷 江聲

禹貢本義一卷 楊守敬

禹貢班義述三卷 成蓉鏡

禹貢錐指二十卷 圖一卷 胡渭

禹貢鄭注釋二卷 焦循

禹貢指南四卷 宋毛晃

禹貢會箋十二卷 徐文靖

毛詩　卷漢毛亨傳鄭玄箋
毛詩傳疏三十卷陳奐
毛詩傳疏通釋卅二卷馬瑞辰
毛詩後箋　卷胡承珙
毛詩稽古篇三十卷吳江陳啓源
毛鄭詩考正四卷戴震
毛鄭詩釋四卷丁晏
毛詩補疏五卷焦循
毛詩證讀　卷翟灝
毛詩韻訂十卷苗夔
毛詩地理釋四卷焦循
毛詩識小三十卷林伯桐
毛詩異同評三卷晉孫毓
難孫氏毛詩評
毛詩指說一卷唐成伯璵
毛詩重言一卷王筠

毛詩通考三十卷　鄭氏詩譜考正一卷林伯桐

毛詩要義二十卷宋魏了翁　毛詩禮徵十卷包世榮

毛詩後箋三十卷涇縣胡承珙　毛詩復古錄十二卷吳川吳懋清

毛詩草木鳥獸蟲魚疏二卷晉陸璣丁晏校　毛詩本義三十卷

詩經讀本傳　卷宋朱熹　詩經大全十五卷明葉向高

詩經通論十八卷新安姚際恒　詩經疏畧八卷張沐

詩經原始十八卷寶寧方玉潤　詩經稗疏四卷王夫之

詩經小學四卷段玉裁　詩廣詁　卷徐璈刻本

詩音表一卷 錢坫　詩本音十卷 顧炎武

詩禮徵文十卷 包世榮　續詩傳鳥名三卷 毛奇齡

詩地理考六卷 宋王應麟　詩氏族考六卷 李超孫

詩聲類十二卷 分例一卷 孔廣森　詩總聞二十卷 宋王質

詩經廿二部古音表集說二卷 夏炘

毛詩王氏注四卷 義駁一卷 奏事一卷 問難一卷 王肅 魏

魯詩故三卷 玉函山房本

齊詩傳二卷 仝上

韓詩故二卷　韓詩內傳一卷　韓詩說一卷　漢韓嬰

韓詩薛君章句二卷　漢薛漢　韓詩內傳徵四卷　宋綿初

韓詩外傳十卷　漢韓嬰　讀韓詩記疑　卷

三家詩考一卷　宋王應麟　詩考異字箋餘十四卷

三家詩異文疏證六卷　補遺一卷　林伯桐

三家詩遺說考十五卷　陳壽祺　四家詩異文考五卷　陳喬樅

呂氏家塾讀詩記三十二卷　宋呂祖謙

詩緝三十六卷　宋嚴粲　詩說三卷　附錄一卷　惠周惕

杲溪詩經補注二卷戴震
虞東學詩十二卷顧鎮

詩古微　卷魏源
三家詩拾遺十卷范家相

毛詩寫官記四卷札記二卷毛奇齡
毛詩細義二十四卷李黼平

毛詩古音考六卷明陳第
毛詩名物圖說九卷徐鼎

韓詩外傳疏證　卷蘄水陳士珂

禮說十四卷惠士奇
周禮　卷漢鄭玄注

周禮集說十二卷宋陳友仁
周禮述注二十四卷李光地

周禮輯義十二卷姜兆錫
周禮講義六卷丹徒李步青

周禮精華六卷 侯官陳龍標 周禮政要二卷 瑞安孫詒讓

周禮疑義舉要七卷 江永 周禮漢讀考六卷 段玉裁

周禮故書疏證卷 宋世犖 周禮釋注二卷 丁晏

周禮軍賦說四卷 王鳴盛 周官禮鄭氏注箋十卷 莊綬甲

周官祿田考三卷 沈彤 考工記圖二卷 戴震

考工創物小記一卷 磬折古義一卷 溝洫疆理小記一卷 九

穀考一卷 程瑤田 車制圖考一卷 阮元

考工輪輿私箋二卷 鄭珍 附圖一卷 今人

肆獻祼饋食禮纂三卷 任啓運

與周官指掌五卷 莊有可

儀禮十七卷 漢鄭玄注

儀禮圖六卷 張惠言

禮經釋例十三卷 凌廷堪

儀禮漢讀考一卷 段玉裁

儀禮故書疏證　卷 宋世犖

儀禮正譌十七卷 金日追

周官記五卷 周官說五卷 莊存與

周官精義十二卷 建拔度

以上周禮

儀禮鄭注句讀十七卷 張爾岐

儀禮釋例一卷 江永

儀禮正義四卷 胡培翬

儀禮古今文疏義　卷 胡承珙

儀禮注疏詳校十七卷 盧文弨

儀禮石經校勘記四卷 阮元

儀禮釋官九卷胡匡衷　釋宮譜增注一卷江永

禮經宮室答問二卷洪頤煊　弁服釋例八卷任大椿

喪服傳馬王注一卷閩經堂本　喪服文足徵記十卷程瑤田

喪服會通　卷吳嘉賓　儀禮管見四卷褚寅亮

儀禮小疏八卷沈彤　儀禮釋注二卷丁晏

儀禮私箋八卷鄭珍　儀禮集編四十卷盛世佐

讀禮通考一百二十卷徐乾學通行本　經禮補遺九卷附錄一卷元王克寬

儀禮章句十七卷吳廷華　儀禮纂錄二卷李清植以上儀禮

禮記註疏六十三卷漢鄭玄

禮記集說一百六十卷宋衛湜

續衛氏禮記集說一百卷杭世駿

禮記集說陳氏補正三十八卷通志堂本

禮記訓纂四十九卷朱彬

禮記偶箋三卷萬斯大

禮記訓義擇言八卷江永

禮記補疏三卷焦循

禮記集解六十卷孫希旦

禮記纂言三十六卷元吳澄朱軾校

禮記會元四卷宋葉時

禮記體注十卷范紫登

禮記約編十卷江永

禮記備旨十一卷鄒聖脈

禮記解四卷宋葉夢得

禮記省度四卷山陽彭頤

禮記讀本 十卷 通行本 禮記菁華錄 四本 閩侯吳曾祺 商務印書館

蔡邕月令章句 二卷 蔡雲輯 深衣考誤 一卷 江永

深衣釋例 三卷 任大椿 燕寢考 三卷 胡培翬

明堂大道錄 八卷 惠棟 禘說 上下卷 惠棟

大戴禮記盧辯注 十三卷 雅雨本 大戴禮記補注十三卷敘錄一卷 孔廣森

大戴禮記正誤 一卷 汪中 大戴禮記解詁十三卷敘錄一卷 王聘珍

大戴禮記 十三卷 漢戴德傳 校正大戴禮記補注十三卷 王樹枏

夏小正傳 二卷 漢戴德傳 夏小正考註 一卷 畢沅

夏小正疏義四卷附釋音異字記 洪震煊

夏小正通釋一本 梁章鉅 夏小正經傳攷釋十卷 武進莊述祖

孔子三朝記七卷目錄一卷 洪頤煊

曾子注釋四卷 阮元 卽大戴禮之十篇以上禮記之屬

白虎通義四卷 漢班固 白虎通德論二卷 明俞元符校刊

白虎通疏證十二卷 句容陳立 禮論鈔三卷 宋庾蔚之

三禮義宗三卷 梁崔靈恩 三禮義證 卷 武億

三禮釋注八卷 丁晏 三禮圖二十卷 宋聶崇義

三禮約編十九卷汪敬堂三禮述記七十一卷李光地

禮箋三卷金榜禮學卮言六卷孔廣森

禮說 卷金鶚禮說四卷凌曙本名禮論

求古錄禮說補遺一卷金鶚禮說 卷陳喬樅家刻本

郊社禘祫問一卷毛奇齡大小宗通釋二卷毛奇齡

宗法小記一卷程瑤田釣臺遺書四卷任啓運

五禮通考二百六十二卷秦蕙田原刊本以上三禮

總義之屬

樂律全書四十二卷明戴堉十種御纂律呂正義五卷康熙殿本

律呂新論二卷　江永
律呂闡微十卷　江永
竟山樂錄四卷　毛奇齡
樂縣考二卷　江藩
燕樂考源六卷　凌廷堪
聲律通考　卷　刻李　今人唐州
琴操二卷　漢蔡邕
瑟譜六卷　元熊朋來
擬瑟譜一卷　段仔文
樂經內篇二十卷附樂譜　張昊生　以上樂之屬
春秋釋例十五卷　長歷一卷　晉杜預集解
春秋土地名一卷　長歷一卷　晉杜預
左傳賈服注輯述二十卷　李貽德

春秋左氏古義 六卷 臧壽恭　左傳詁 五十卷 洪亮吉

春秋左傳補注 十卷 元趙汸　左傳杜解補正 三卷 顧炎武

左傳補注 六卷 惠棟　左傳補注 三卷 馬宗槤

左傳補注 一卷 姚鼐　左通補釋 三十二卷 錢塘梁履繩

左傳小疏 一卷 沈彤　左傳補疏 五卷 焦循

左傳舊疏考證 八卷 儀徵劉文淇　劉炫規杜持平 六卷

左傳事緯 十二卷 附錄八卷 馬驌　補春秋長曆 十卷 陳厚耀

春秋經傳朔閏表 二卷 姚文田　春秋經傳朔閏表發覆 四卷 施彥士

春秋地名考略十四卷徐善 春秋地理考實四卷江永

春秋世族譜一卷陳厚耀 春秋名字解詁二卷王引之

左傳姓名同異考四卷高士奇 春秋左傳五十卷晉杜預宋林堯叟合注

春秋杜林左傳合註三十卷明鍾惺平 春秋左氏傳說二十卷宋呂祖謙

讀左補義五十卷明姜炳璋白巖 左傳翼三十八卷篆定從藥齋

春秋左傳句解六卷 春秋左繡三十卷馮李驊等

左傳經世鈔二十三卷魏禧 東萊左氏博議八卷宋呂祖謙

春秋識小錄九卷 職官考畧三卷 地名辨異三卷 左

傳人名辨異三卷程廷祚　以上春秋左傳之屬

春秋繁露十七卷漢董仲舒　春秋繁露注十七卷凌曙

春秋公羊解詁何休卷漢觧詁　公羊通義十一卷孔廣森　敍一卷

公羊何氏釋例十卷劉逢祿　公羊何氏解詁箋一卷劉逢祿

公羊禮說一卷江都凌曙　公羊逸禮考徵一卷陳奂

公羊補注一卷馬宗槤　公羊墨史二卷明周拱辰

公羊問答二卷凌曙　春秋正辭十三卷莊存與

論語述何二卷劉逢祿　發墨守評一卷　箴膏肓評

一卷穀梁廢疾申何二卷劉逢祿以上春秋公羊之屬
春秋穀梁傳十二卷晉范甯集解 春秋經解十五卷宋孫覺
穀梁釋例四卷許桂林 公穀合編十二卷通行本
穀梁禮證二卷侯康 春秋穀梁傳集解十二卷晉范甯
穀梁大義述 卷柳興宗 穀梁補注一卷姚鼐
穀梁注疏二十卷明李氏刻本以上穀梁傳之屬
箴膏肓一卷 起廢疾一卷 發墨守一卷漢鄭玄
春秋古經說二卷侯康 春王正月考一卷明張以寧

春秋大事表五十卷顧棟高 春秋日食質疑一卷吳守一

春秋十論一卷洪亮吉 春秋毛氏傳三十六卷毛奇齡

半農春秋說十五卷惠士奇 春秋屬辭辨例編六十卷張應昌

春秋屬辭比事記四卷毛奇齡 春秋胡氏傳辨疑二卷陸粲明

春秋經傳比事二十二卷閩林春溥 春秋胡傳考誤一卷明袁仁

春秋三傳異文箋十三卷趙坦 春秋諸家解十二卷毛士述

春秋三傳異文釋十三卷李富孫 春秋諸傳會通二十四卷元李廉

春秋三傳駁語公穀之屬六卷左氏十卷以上春秋總義

論語集註 十卷 宋朱熹

朱子論語集註訓詁考 二卷 潘衍桐

論語鄭注 十卷 宋翔鳳輯

論語義疏 十卷 殿本 梁皇侃

論語正義 二十四卷 劉寶楠 寶應

論語稽求篇 七卷 毛奇齡

魯論說 三卷 程廷祚

論語後質 三卷 江聲

論語駢枝 一卷 劉台拱

論語後錄 五卷 嘉定錢坫

論語補疏 三卷 焦循

論語偶記 一卷 方觀承

論語說義 十卷 宋翔鳳

論語古訓 十卷 陳鱣

論語意原 四卷 宋鄭汝諧

論語注疏 疏二十卷 宋邢昺

論語通釋一卷焦循
論語集解　卷魏何晏等　商務印書館
論語文解　卷無錫錢穆
論語實測二十卷泰州徐天璋
論語衍義十卷益陽姚紹崇
論語稽二十卷遵義宦懋庸
論語類考二十卷明陳士元
論語後案二十卷黃式三
論語注二十卷南海康有為
論語古注集箋十一卷吳潘維城
鄉黨圖考十卷江永
鄉黨訂疑四卷南海霍禮運
以上論語三
僞
孟子集注七卷宋朱熹
孟子音義二卷宋孫奭

孟子　卷漢趙岐注

孟子趙注補正六卷宋翔鳳

孟子劉熙注一卷宋翔鳳

孟子正義三十卷焦循

蘇批孟子二卷

孟子字義疏證三卷戴震

繪孟七卷明戴君恩

孟子論文七卷陳復中評點

孟子精義十四卷同治間刊

孟子師說七卷黃宗羲

南軒孟子說七卷通志堂原刻

七經孟子攷二百卷阮元

孟子微八卷南海康有為

孟子雜記四卷明陳士元

孟子時事畧一卷任兆麟

孟子生卒年月考一卷閻若璩

四書章句十九卷 見前 宋朱熹
四書讀本十九卷 集注 宋朱熹
四書集編二十九卷 宋魏了翁
四書考異七十二卷 翟灝
四書釋地一卷 若璩 續一卷又續二卷三續二卷 太原閻
四書釋地辨證二卷 宋翔鳳
四書賸言四卷 奇齡 補二卷 毛
四書典故辨證十二卷 炳中 周
四書摭餘說七卷 曹之升
四書拾遺五卷 林春溥
四書反身錄八卷 二曲 盩厔李
四書地理考十五卷 王瑬 洞庭
四書評語 四本 徐長善
四書通二十六卷 元胡炳
四書通證六卷 元張存中

四書輯釋三十六卷元倪士毅　四書人物備考十二卷乾隆間刊

四書振言三十七卷胡蓉之　四書會解十九卷綦澧

四書合講十九卷翁復　四書發注輯十九卷朱奇生

四書圖攷十三卷宣州杜炳雲　四書朱子異同條辨卅八卷都梁李沛霖

四書備旨十九卷壽野孫氏刊　四書逸箋六卷應城程大中

四書訓義三十六卷王夫之　四書述要十九卷楊玉緒

四書體注十九卷范翔　四書音訓二十卷

四書講義輝二十六卷史廷　四書淺說十二卷陳紫峯

洪吉氏書

四書經注集證

大學證文 四卷 毛奇齡

大學古義說 二卷 宋翔鳳

大學決疑 一卷 坊刊

大學原李說略附中庸總說 二李文樸王

大中講義 三卷 明朱用純

中庸講義 一卷 袁金鎧

學庸說文 十二卷 凱纂 鄭江

學庸困知錄 四卷 詠 城陽莊

中庸集解 二卷 宋石墪

孝經 卷 唐玄宗御注

孝經鄭氏解輯 輯一卷 臧庸

孝經鄭氏注 輯一卷 嚴可均

孝經義疏補 九卷 阮福

孝經精義一卷補一卷或問一卷餘論一卷張敘

孝經或問三卷大全二十八卷呂明德

孝經述注一卷丁晏

孝經注疏九卷通行本

孝經彙纂三卷孫念劬

中文孝經一卷周春

孝經外傳一卷周春

忠經卷

爾雅三卷晉郭璞注

爾雅疏卷宋邢昺疏

爾雅漢注三卷臧庸輯

爾雅古義十二卷黃奭輯

爾雅義疏二十卷郝懿行

爾雅正義二十卷邵晉涵

爾雅補郭二卷翟灝　爾雅新義二十卷宋陸佃

爾雅一切注音十卷嚴可均　爾雅郭注補正三卷戴鎣

爾雅蒙求二卷李拔式　爾雅釋名卷漢劉熙撰

爾雅釋義十卷　釋地以下四篇注四卷錢坫

釋宮小記一卷　釋草小記一卷　釋蟲小記一卷程瑤田

釋祀一卷董蠡舟　釋服一卷宋翔鳳　釋骨一卷沈彤

釋繒一卷任大椿　釋舟一卷洪亮吉

爾雅正文直音二卷孫偘　爾雅匡名二十卷歸安嚴元照

爾雅古注二卷李氏半畝園刊以上爾雅之屬

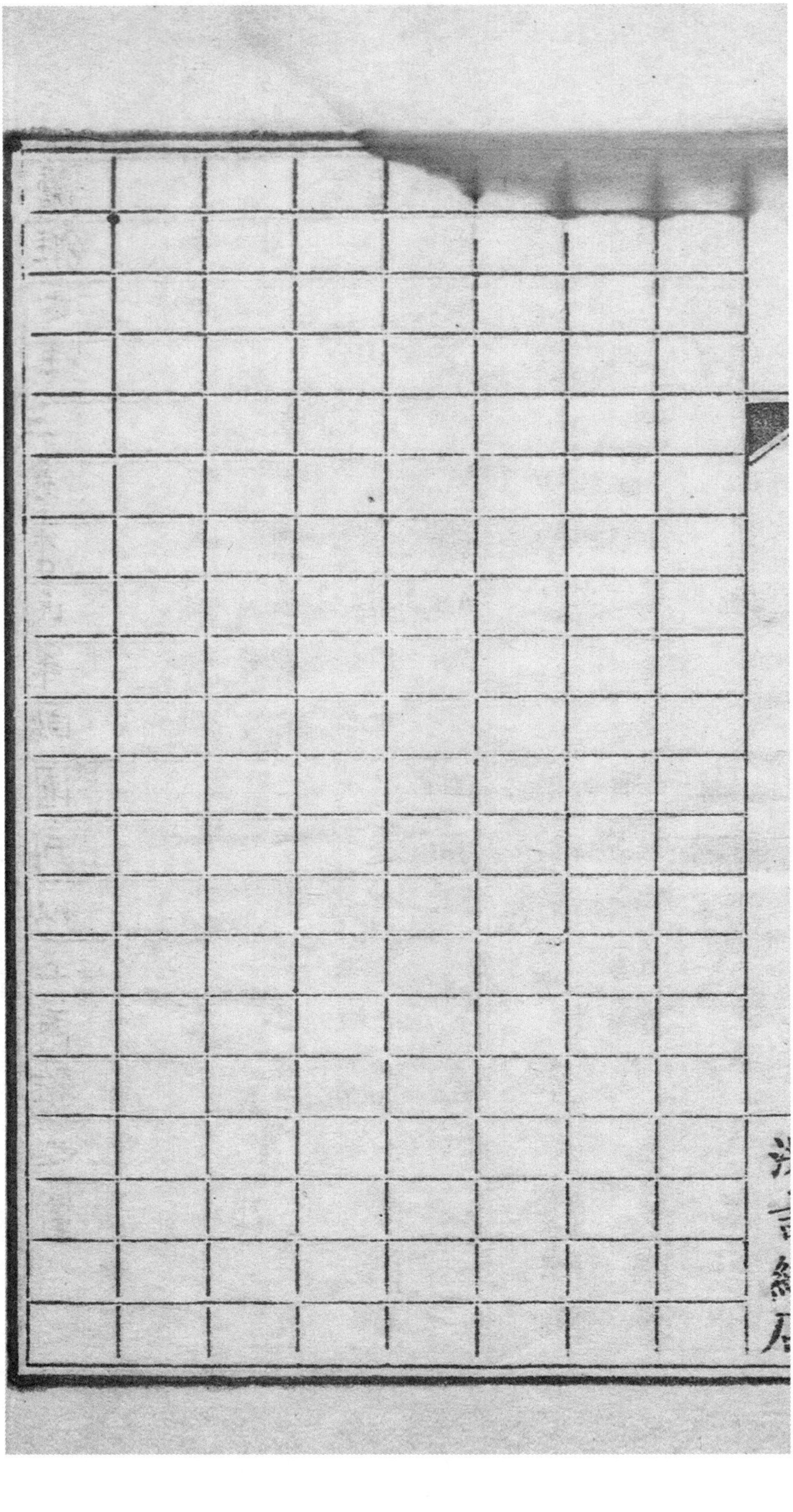

綠棠吟館書目

北平稚川居士輯著

經部二

御纂七經殿本　周易折中二十二卷

書經傳說彙纂二十一卷　詩經傳說彙纂二十一卷

春秋傳說彙纂三十八卷　周官義疏四十八卷

儀禮義疏四十八卷　禮記義疏八十二卷以上七經

古微書三十六卷明孫瑴　七緯三十八卷趙在翰輯

玉函山房輯佚書經編三百五十二種馬國翰輯由周秦至唐經說經注

漢魏遺書鈔一百八種王謨輯由漢魏至隋經注經說

古經解鉤沉三十卷余蕭客輯

六藝論一卷陳鱣輯

五經異義漢許慎并駁義漢鄭元一卷補遺一卷王復輯

五經異義疏證三卷陳壽祺

鄭志三卷附錄一卷錢東垣等校魏鄭小同著

聖證論一卷馬國翰輯

高密遺書十二種黃奭輯刻

經稗六卷鄭方坤以上十二書皆輯古說

九經古義十六卷惠棟

詩書古訓六卷阮元

助字辨畧五卷劉淇

經傳釋詞十卷王引之高郵　經義雜記三十卷敘錄一卷臧玉琳

經問十八卷　經問三卷毛奇齡　羣經補義五卷江永單行本

經咫一卷陳祖範家刻本　經學卮言六卷孔廣森

經傳小記三卷劉台拱　經義知新記一卷汪中

羣經識小八卷李惇　五經小學述二卷莊述祖

考信錄三十六卷崔述　經義述聞三十二卷王引之

五經要義一卷　五經通義一卷宋翔鳳

左海經辨二卷陳壽祺家刻本　通藝錄四十二卷陳瑞田自刻本

經義宮室圖二卷焦循　六經天文編二卷宋王應麟

經書算學天文考一卷陳懋齡　觀象授時十四卷秦蕙田方觀承

邃雅堂學古錄七卷姚文田　學計一得二卷鄒伯奇

九經說十七卷姚鼐　經義未詳說五十四卷卓祥

羣經平議十卷今八俞氏叢書本　十三經客五十五卷龔元玠

隸經文四卷江藩　說學齋經說一卷葉鳳毛

巢經巢經說一卷鄭珍　句溪雜著五卷陳立

愚一錄經解文本蘇州鄭象甫嘯園本　經說七卷宋熊朋來

五經大全 黃榮飛

五經揭要 四 二十五卷 周惠

五經體注 七十二卷 通行本

五經備旨 四十五卷 通行本

五經同異 三卷 顧炎武

五經讀 五卷 陳大士

五經味根錄 三十八卷 石印

經學五書 萬斯大 四明人

沈氏經學六種 後知不足齋本

皮氏經學遺書八種 皮錫瑞

六經奧論 六卷 宋鄭樵

過庭錄 十六卷 宋翔鳳

九經今義 璞 二十八卷 成本

七經小傳 三卷 宋劉敞

經讀考異 八卷 武億

羣經義證 八卷 武億

共吉紙

茶香室經說 十六卷俞樾 六經證誤 六卷宋毛居正
吳氏遺箸 五卷附錄一卷吳凌雲 雪樵經解 八本墅石儕石印
七經精義 八本武陵黃淦 經義考 三百卷朱彝尊
鄭氏四種 秀水王復輯武億校 志箴膏肓起廢疾 駁五經異義 鄭
行素軒經說 二卷錢塘楊證 五經圖 十二卷明盧雲英撰
松源經說 四卷仁和孫之騄 升菴經說 十四卷明楊慎
經義類考 二十卷郭標 龍巖州五經贊 附韻史 二卷陸檠秬
十三經札記 朱亦棟 附羣書札記 十六卷以上諸經 總義之屬

皇清經解一千四百零八卷　通志堂經解　納蘭性德　四百八十本

通志堂經解目錄一卷　翁方綱注　古經解彙函十六種　不印

經義考三百卷　朱彝尊　經義考補正十二卷　翁方綱

十三經注疏姓氏一卷　翁方綱　授經圖四卷　明朱睦㮮

國朝漢學師承記八卷　附經師經義目錄一卷　江藩

西京博士考二卷　胡秉虔　九經誤字一卷　顧炎武

五經文字一卷　附五經文字疑一卷　唐張參

九經字樣一卷　附九經字樣疑一卷　唐唐元度

刊正九經三經沿革例一卷宋岳珂　任大椿刻本

七經孟子考文補遺一百九十卷日本山井鼎考文

經典文字辨正五卷畢沅　注疏考證齊召南

十三經注疏校勘記二百四十三卷阮元

經典釋文三十卷考證三十卷唐陸德明釋文盧文弨

十三經音略十二卷周春　十三經不二字一卷李

漢魏音四卷洪亮吉　經籍纂詁二百十六卷阮元

九經補證韻附考證一卷宋楊伯嵒　羣經音辨七卷宋賈昌朝

以上諸經目錄音義之屬

漢石經殘字六百七十五字　熹平四年　翁方綱

漢石經殘字考　重摹南昌府學石本　翁方綱　復初齋集

魏三體石經殘字考　二卷　孫星衍

漢魏石經考　二卷　劉傳瑩　光緒開刊

唐石經　開成二年　西安府學石本

唐石經校文　十卷　嚴可均

國朝石經　國子監石本　十三經皆備

石經考　一卷　顧炎武

石經考　一卷　萬斯同　省吾堂本

石經考異 二卷 杭世駿

蜀石經殘字 王昶

北宋汴學篆隸二體石經記 一卷 丁晏

石經考文提要 十三卷 彭元瑞

石經補考 十二卷 馮登府自刻本 漢魏唐蜀北宋南宋國朝

歷代石經略 二卷 桂馥

石經彙函 元尚居校刻

說文解字十五卷漢許慎　汲古閣說文訂一卷段玉裁

說文舊音一卷畢沅輯　說文校議三十卷姚文田

說文斠詮十四卷錢坫　說文解字考異二十九卷姚文田

說文繫傳四十卷附勘校記三卷南唐徐鍇

說文繫傳校錄三十卷王筠　說文翼十六卷嚴可均

說文解字段氏注三十卷　六書音韻表二卷段玉裁

說文段注訂八卷鈕樹玉　說文段注匡謬八卷徐承慶

說文釋例二十卷　說文句讀三十卷王筠

說文新附考六卷 續考一卷 紐樹玉
說文逸字二卷 鄭珍 說文正俗辨字八卷 李富孫
說文聲系十四卷 姚文田 說文聲讀表七卷 苗夔
說文字原韻表二卷 胡重 說文聲類二卷 嚴可均
說文諧聲譜 卷 張惠言 說文古本考十四卷 沈濤
說文通訓定聲十八卷 柬韻一卷附說雅十九篇 今韻準一卷 朱駿聲
說文引經考二卷 吳玉搢 說文引經考證
說文管見三卷 胡秉虔 說文答問疏證一卷 錢大昕

惠氏讀說文記十四卷惠棟　席氏讀說文記十五卷席世昌
說文字通通釋　卷　說文通檢十四卷今人
說文義證五十卷桂馥　說文聲訂二卷苗夔
說文疑疑二卷孔廣居　說文拈字四卷王玉樹
說文羣經正字二十八卷邵瑛　六書說一卷江聲
漢學諧聲二十卷古音論一卷附錄一卷戚學標
轉注古義考一卷曹仁虎　六書轉注說一卷夏炘
小學考五十卷謝啓昆　字通一卷宋李從周

復古編二卷宋張有　續復古編四卷元曹本

文字蒙求一卷王筠安邱人　文字蒙求廣義四卷蒯光典

拾雅二十卷夏味堂以上小學類說文之屬

汗簡三卷目錄敘略一卷宋郭忠恕　汗簡箋正七卷鄭珍

薛氏鐘鼎款識二十卷宋薛尚功　積古齋鐘鼎款識十卷阮元

筠清館金文　卷吳榮光　繆傳分韻五卷桂馥

隸釋二十七卷　隸續二十七卷宋洪适

隸韻十卷　考證二卷　碑目考證一卷宋劉球

漢隸字原六卷宋婁機 隸辨八卷顧靄吉通行本

隸篇十五卷再續十五卷 翟云升自刻本

字林考逸八卷任大椿 玉篇三十卷梁顧野王元

類篇四十五卷宋司馬光等 本

欽定滿洲蒙古漢字三合切音清文鑑三十三卷乾隆間敕編

欽定西域同文志二十四乾隆間敕編國書漢 字蒙古字西番字托忒字回字

龍龕手鑑四卷遼僧行均 多佛書俗字

六書故三十三卷元戴侗 佩觿三卷宋郭忠恕

字鑑 五卷 元李文仲 以上小學類古文篆隸真書各體書之屬

康熙字典 十二卷 附等韻檢字補遺備考

廣韻 五卷 元本 隋陸法言切韻 集韻 十卷 宋丁度等

韻會舉要 三十卷 元黃公紹 音論 一卷 顧炎武

佩文詩韻 五卷 官本 官韻考異 一卷 吳省欽

詩韻全璧 六本 古音表 二卷 顧炎武

唐韻正 二十卷 顧炎武 唐韻考 五卷 紀容舒

古韻標準 四卷 四聲切韻表 四卷 江永

音學辨微　聲韻考 四卷 戴震
聲類表 十卷 戴震　六書音韻表 二卷 段玉裁
四聲韻和表 五卷 洪榜　古音諧 八卷 姚文田
聲類 四卷 錢大昕　古韻論 一卷 胡秉虔
韻補 五卷 宋吳棫　韻補正 一卷 顧炎武
禮部韻略 五卷 宋丁度等　五音集韻 十五卷 金韓道昭
廣金石韻府 五卷 林尚葵　韻辨附文 五卷 沈兆林
音韻闡微 十八卷 韻譜 一卷 王蘭生等 雍正間殿本

古今韻略 五卷 邵長蘅 韻字辨同 五卷 彭元瑞

古今韻考 四卷 附前徽錄 音學十書 八本 江有誥

欽定滿漢對音字式 一本 乾隆年官修通行本

欽定同文韻統 六卷 莊親王 理藩部刊

音韻逢源 四卷 裕恩 二本 汴承 李氏音鑑 六卷 李汝珍

四聲切韻表 分韻詩鏡 四卷 巾箱本 同治間刊

經韻集字析解 詩韻集成 十卷 余照

五方元音 二卷 樊騰鳳 以上小學音韻之屬

倉頡篇三卷孫星衍輯　急就篇四卷漢史游
急救章考異一卷孫星衍　小學鉤沉二十卷任大椿
方言注十三卷漢揚雄撰晉郭璞注　方言疏證十三卷戴震
續方言二卷杭世駿　續方言補正一卷程際盛
方言箋疏十三卷錢繹　屈宋方言考一李瑞安李翹
釋名疏證八卷補遺一卷漢劉熙　畢沅刻附篆文
續釋名一卷江聲
小爾雅疏八卷舊題漢孔鮒　小爾雅訓纂六卷宋翔鳳

小爾雅義證洪十三卷胡承博雅音十卷魏張揖
廣雅疏證十卷王念孫疏證騈雅訓纂十六卷明朱謀瑋
騈字分箋二卷程際盛
附一切經音義二十五卷唐釋元應
附華嚴音義四卷唐釋慧苑二書所引古書及字書古本甚多可資考證故國朝經師多取資焉於彼教無與也
匡謬正俗八卷唐顏師古爾雅翼三十二卷宋羅願
字詁一卷黃生自刻本
埤雅二十卷宋陸佃多駁雜不盡關經義以上數小學訓詁之屬此類各書為讀一切經史子集之鈐鍵

補遺

歷代鐘鼎彝器款式法帖二十卷宋薛尚功點石齋石印

王復齋鐘鼎一本

班馬字類五卷宋婁機

字學舉隅一本龍啓瑞

字學滙海四本仝上

六書原始十五卷賀林齡

篆韻譜五卷南唐徐鍇

字典考證十二卷王引之

增訂金壺字考二本郝在田

別雅

虛字說一本袁仁林

虛字解一本

急救篇急救探奇二本陳李禮

六書通 五卷 畢弘述

六書精蘊 六卷 明魏子才

草聖彙辯 四本 白芬

篆書正 四卷

韻府羣玉 二十卷 宋陰時夫

小學攷 五十卷 謝啓昆

字說 一本 吳大澂

小學陳註 六卷 成化本

六書分類 十二卷 傅世垚

草字彙 十二卷 石印

百韻草訣歌 一本

楷法溯原 十四卷目錄一卷 潘存儒

小學類篇 七種 江都李氏 半畝園刊

小學鉤沉 十九卷 興化任大椿

清文彙書 十二卷 此滿文之字典

幼學瓊林 四本　幼學須知 四本

朱子小學　小學韻語南 一本 湘鄉羅澤

龍文鞭影卷 四本 二卷 價二　續龍文鞭影 四本

養蒙鍼度 五卷 潘子聲 以上小學補遺

課子遺編 一卷 紀應琨　家塾蒙求 刻 五卷 康基淵 坊

幼學故事尋源 八卷 邱璿　幼學求源 三十二卷 程登吉 巾箱本

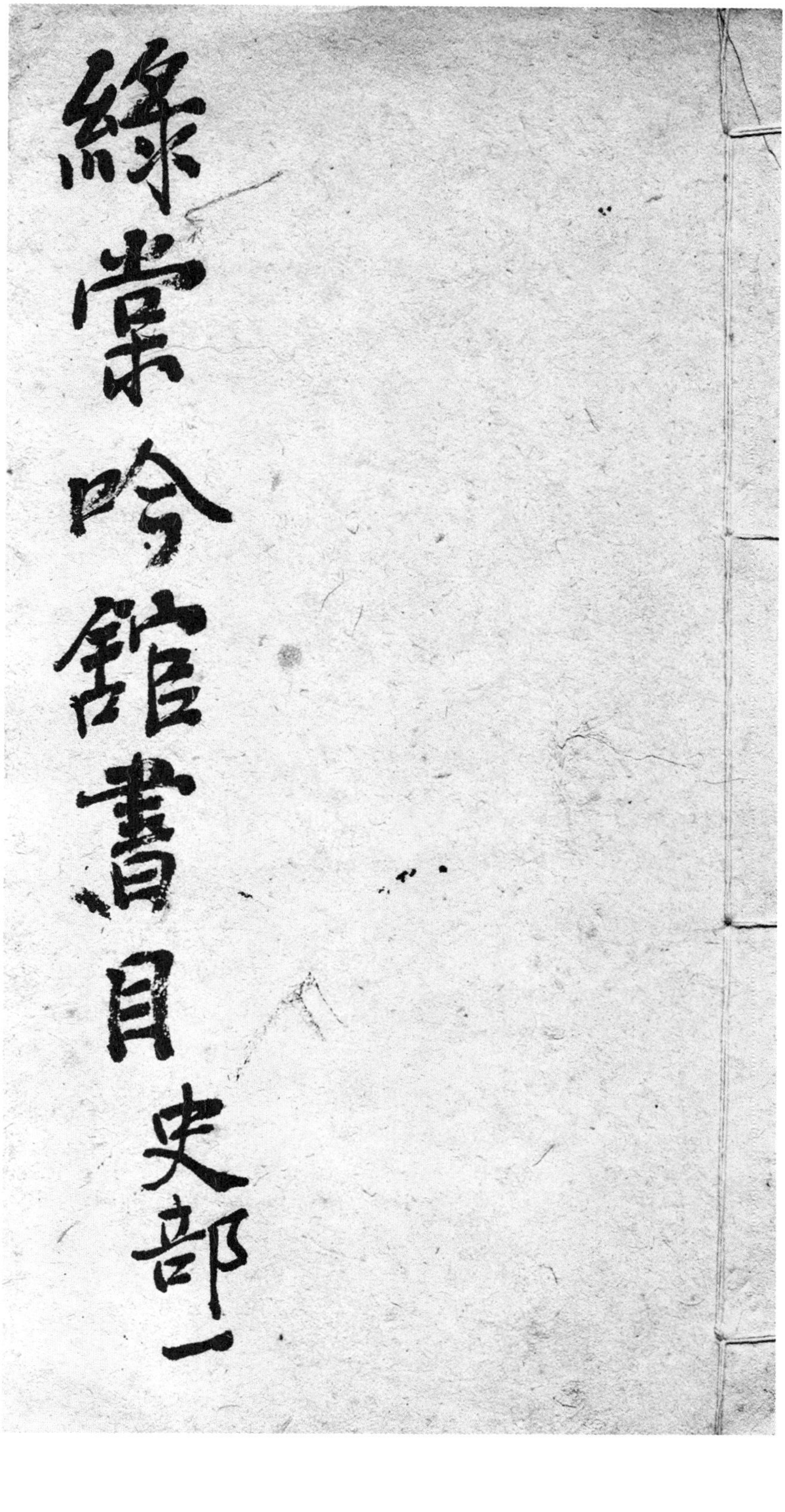
綠棠吟館書目 史部一

綠棠吟館書目

北平桂川居士輯著

史部

正史類

欽定二十四史 二十四部三千二百四十三卷乾隆閒奉敕定本

史記一百三十卷 晉裴駰集解唐司馬貞索隱唐張守節正義漢司馬遷撰

前漢書 一百二十卷唐顏師古注漢班固撰

後漢書 百二十卷宋范蔚(曄)宗撰內志三十卷晉司馬彪撰

三國志六十五卷晉陳壽撰宋裴松之注

晉書一百三十卷唐房喬撰附唐何超音義三卷

宋書一百卷梁沈約撰

齊書五十九卷梁蕭子顯撰

梁書五十六卷唐姚簡思廉撰字思廉

陳書三十六卷唐姚思廉撰

魏書一百一十四卷北齊魏收

北齊書五十卷唐李百藥撰

周書五十卷唐令狐德棻撰
隋書八十五卷唐魏徵撰
南史八十卷唐李延壽撰　北史一百卷唐李延壽撰
舊唐書二百卷後晋劉昫撰　新唐書二百二十五卷附宋董衡釋音廿五卷
舊五代史一百五十卷目錄二卷宋薛居正撰　新五代史七十四卷目錄一卷宋歐陽修撰
宋史四百九十六卷　遼史一百一十六卷元托克托撰
金史一百三十五卷　元史二百一十卷
明史三百三十六卷張廷玉撰　以上正史合刻統名廿四史

古香齋袖珍史記一百三十卷内府本
舊唐書二百卷明聞人詮原刻
新舊唐書合鈔二百七十二卷吴興沈東甫同治閩刊
重刻殿本舊五代史一百五十卷汲古閣本新五代史十
四卷武昌局本
史記評林一百三十卷 漢書評林一百二十卷明淩稚隆刻
以上正史分刻本
史記索隱三十卷汲古閣本又史記索隱正義百三
十卷陳氏測義道光閩刊
史記志疑三十六卷仁和梁玉繩原刻

史記菁華 四本
史記三書釋疑 三卷
史記三書正譌 三卷 王元啓 律書一卷 曆書一卷 天官書一卷
史記纂 五本 明凌稚隆刊
史記選 四卷 宜興儲欣
史懷 十七卷 明鍾惺
史荃 五卷 楊銘桂
史徵 八卷 札記一卷 錢塘張來田

史通削繁四卷　河間紀昀

讀史記十表十卷　春穀汪越　南陵徐氏本

古今人表九卷　梁玉繩　人表考校補一卷補一卷　蔡雲自刻本

史表功比說一本　張錫瑜

史外八卷　濡須汪有典

漢書律歷志正譌上下卷　王元啓

漢書地理志校本二卷　錢塘汪遠孫

漢書地理志稽疑六卷　全祖望

漢書地理志水道圖說 七卷 攷正德清胡氏禹貢圖 一卷 今人

新斠注地理志 十六卷 錢坫

漢志水道疏證 五卷 洪頤煊

補漢兵志 五卷 宋錢文子 知不足齋本

漢藝文志考證 十卷 王應麟

漢書西域傳補注 二卷 徐松 原刊本

漢西域圖考 七卷 李光廷

楚漢諸侯疆域志 三卷 一本 劉文淇

漢書音義三卷補遺一卷臧鏞堂

西漢年紀三十卷宋王益之

西漢貫制叢錄七十卷宋袁應祥

班馬字類五卷附補遺宋婁機

班馬異同評三十五卷宋倪思

後漢書補逸二十一卷姚之駰

後漢書年表十卷宋熊方

後漢書補表八卷錢大昭

補後漢書藝文志四卷侯康

後漢書補注二十四卷惠棟

後漢書補注一卷侯康

兩漢刊誤補遺十卷宋吳仁傑

兩漢書辨疑三十三卷續後漢書辨疑九卷錢大昭

兩漢蒙拾三卷仁和杭世駿

三國職官表三卷洪飴孫

三國疆域志二卷洪亮吉

補三國藝文志四卷 侯康

三國志補注六卷附諸史然疑一卷 杭世駿刻本

三國志補注一卷 侯康

三國志辨誤一卷 宋人佚名

三國志考證八卷 潘眉 三國志據華 武進莊適 商務印書館

三國志旁證三十卷 福州梁章鉅

三國志證聞三卷 嘉興錢儀吉

三國志辨微 正續五卷附雜詠一卷 南昌尚鎔

晉書地理志新補正五卷 畢沅
晉書疆域志四卷 十六國疆域志十六卷 陽湖洪亮吉
晉書校勘記三卷仁和勞格 又五卷 海門周家祿
晉書纂六十卷 唐太宗文皇帝撰 明刊
補晉兵志一卷 錢儀吉
晉宋書故一卷 郝懿行
補宋書刑法志一卷 食貨志一卷 郝懿行
補梁疆域志八卷 洪齮孫

南北史補志十四卷江甯汪士鐸

南北史捃華八卷錢塘周家猷輯

南北史表六卷周嘉猷原刻本

南北史識小錄二十八卷沈名蓀朱昆田

魏書校勘記一卷長沙王先謙

周書斠補四卷瑞安孫詒讓

隋書地理志攷證九卷補遺二卷宜都楊守敬

新舊唐書互證二十卷趙紹祖

舊唐書校勘記六十六卷羅士琳等

五代史補五卷宋陶岳

五代史記注七十四卷 四十本 彭元瑞

五代史記纂誤三卷宋吴縝

五代史記纂誤補 四卷吴蘭亭

新五代史補注七十四卷彭元瑞劉鳳誥同撰

舊五代史一百五十卷目錄二卷四川局刊

宋遼金元四史朔閏考 二卷錢大昕 錢侗續成

遼金元三史國語解四十六卷乾隆間敕撰殿本

補遼金元三史藝文志 倪燦

遼金元三史拾遺 五卷 錢大昕

遼史拾遺 二十四卷 補五卷 厲鶚

元史類編 四十卷 邵延年

元史譯文證補 三十卷 洪鈞

元史氏族表 三卷 錢大昕

補元史藝文志 四卷 錢大昕

元史備忘錄 一卷 明王光魯

元史本證十卷五十卷汪輝祖　元史新編九十五卷魏源

新元史　二百五十七卷膠州柯劭忞

明史例案　九卷吳興劉承幹　明史本紀二十四卷張廷玉殿本

諸史拾遺　五卷錢大昕

歷代史表　五十九卷錢大昕

歷代帝王年表　三卷齊召南

歷代帝王考　十二本抱經堂藏抄本

帝王世紀

歷代帝王廟謚年諱譜一卷

歷代帝王歷祚考八卷表一卷明吴繼安刊

歷代世系考八本曹楝亭藏抄本

歷代紀事年表一百卷康熙間陳邦彥奉勅編

歷代統紀十三卷疆域表三卷沿革表三卷段承基自刻本

歷代建元考十卷鍾淵映

紀元要畧二卷陳景雲補注一卷子黄中

元號略四卷補遺一卷梁玉繩

紀元通考十二卷葉維庚自刻本此書最詳
歷代紀元編三卷李兆洛此書最便
歷代帝王年表一卷紀元同異考畧一李武昌黃大華
歷代地理志韻編今釋二十卷李兆洛此書最便
歷代沿革圖一卷六嚴
歷代地理沿革表四十七卷陳方績
四史 史記 前漢書 後漢書 三國志 史記菁華錄苧田氏商務印書 上仝
十七史商榷一百卷東吳王鳴盛 十七史蒙求十六卷海陽程氏原李

廿二史考異一百卷錢大昕

廿二史劄記三十六卷趙翼

廿二史記提要八卷吳錫吳綬

廿一史約編鄭元慶　二十一史四譜炳震卷沈

廿四史約編八卷

廿四史史緯晉江陳元錫

二十二史言行略四十二卷長洲過元敗輯

南史識小錄八卷北史識小錄八卷沈名蓀朱昆田同輯

宋瑣語 一卷 郝懿行

史記精華錄 六卷 光緒間刊

歷代史案 二十卷 洪亮吉

二十一史史韵 六卷 明趙南星撰 李仲弘道增編

二十一史精義 二十一卷 王南珍 乾隆間刊

二十二史感應錄 二卷 一本 彭希涑 道光間刊

史餘 二十卷 黃岡陳堯松

讀史大畧 六十卷 江陰沙定峯

三史拾遺諸史拾遺 十卷 錢大昕

讀史正氣錄 十八卷 姚德鈞

漢書管見 四卷 義烏朱一新

兩漢雋言 十六卷 宋林越

史記正譌 一本 嘉興王元啓

史記志疑 三十六卷 梁玉繩

前漢紀 漢荀悅

後漢紀 晉袁宏

編年類

資治通鑑二百九十四卷宋司馬光撰

通鑑考異三十卷宋司馬光

通鑑目錄三十卷宋司馬光

通鑑稽古錄二十卷宋司馬光

通鑑地理通釋十四卷宋王應麟

通鑑釋文二十卷宋史炤

通鑑釋文辨誤十二卷元胡三省

通鑑胡注舉正一卷陳景雲

通鑑注辨正二卷錢大昕
通鑑箋注明王世貞
歷代通鑑纂要九十二卷明李東陽
通鑑答問五卷宋王應麟
資治通鑑補二百九十四卷明嚴衍附刊誤二卷童和豫
續資治通鑑二百二十卷畢沅
資治通鑑節要續編三十卷明嚴經李
資治通鑑外紀十卷目録五卷宋劉恕

通鑑總類二十卷宋沈樞

通鑑類纂二百七十六卷長白馬佳松

通鑑問疑一卷宋劉羲仲

續資治通鑑長編五百二十卷宋李燾

資治通鑑發明五十九卷宋尹起莘

資治通鑑後編校勘記十五卷夏震武 光緒閒刊

通鑑補正畧二卷張敦仁 通鑑補識誤三卷張敦仁

通鑑注商十八卷趙紹祖 嘉靖閒刊

通鑑韻書三十二卷沈尚仁康熙間刊

御批通鑑輯覽一百二十卷乾隆三十二年敕撰殿本

漢紀三十卷漢荀悅

後漢紀三十卷晉袁宏附字句異同考一卷蔣國祥

西漢年紀三十卷宋王益之張文襄云改竄前人史書以為著述乃宋明人通病此取其有可刊正漢書文字之處

宋元通鑑一百五十七卷明薛應旂

明紀六十卷陳鶴 陳克家續成

周季編畧九卷定海黃式三　周貞王元年至秦并天下　以上編年之屬

御批通鑑綱目五十九卷首編十八卷外編一卷舉要三卷續編二十九卷宋朱熹作餘趙師淵作前編金履祥續編明商輅　康熙四十六年殿本

綱目訂誤四卷陳景雲

綱目釋地糾繆六卷秀水張庚

綱目釋地補注六卷張庚

綱目分注補遺四卷溧陽芮長恤　光緒間刊

綱目三編二十卷殿本又古香齋巾箱本

綱目策提彙纂四卷 昌平葛元福

綱目發明六十卷

綱鑑會纂四十六卷 巾箱本 續二十三卷 綱目三編二十卷

龍門綱鑑會纂要覽 四卷正編二十卷綱目三編二十卷 蔣先庚 康熙間刊

綱鑑會纂三十九卷 明王世貞 通行本

綱鑑正史約編 通行本 三十六卷 甲子紀元一卷 明顧錫疇

綱鑑易知錄 行本 九十二卷 明紀綱目二十卷 吳秉權通

袁了凡綱鑑四十本 王鳳洲 袁了凡綱鑑合編附明紀綱目

明鑑綱目二十卷張廷玉
史鑑年表彙編十四卷蕭承勞眷雲書屋刊
明鑑易知錄十五卷朱國標
歷代綱鑑正史全鈔二十五卷明王衡刊
甲子會紀五卷明薛應旂
綱目議二卷續異二卷江左朱直
鑑綱詠畧八卷長樂柯龍章又綱鑑詠畧八卷歸安張師誠
李氏鑑畧注五卷通行本

鑑畧妥注五卷明李廷機以上編年類綱目之屬

繹史一百六十卷馬驌通行本一作百卷鄒平馬驌

左傳紀事本末五十二卷高士奇

通鑑紀事本末四十二卷宋袁樞

宋史紀事本末二十六卷明陳邦瞻

元史紀事本末四卷明陳邦瞻

西夏紀事本末三十六卷烏程張春

遼金紀事本末九十四卷李有棠刊遼四十卷金五十二卷

明史紀事本末八十卷豐潤谷應泰又續明紀事本末十八卷江都倪在申鉛印

皇明通紀述異十卷卜世昌明刊

三藩紀事本末四卷楊陸榮 九種紀事本末五十六本掃葉山房

聖武記十四卷魏源通行本

三朝北盟會編二百五十卷宋徐夢華以上紀事本末類

綏寇紀畧十二卷補遺三卷吳偉業

欽定回苗粵捻方略同文鉛排印一百五十五本

欽定回苗匪方畧同上四百十三本

欽定捻匪方略　同上　百之十本

霆軍紀略　十六卷　陳昌　　豫軍紀略　十二卷　尹耕雲

湘軍記　二十卷　王定安　　湘軍志　十六卷　湖南局刊

靖海紀略　四卷　曹履泰　　防海紀略　二卷　荀唐居士

鴉片事略　二卷　李圭　　從戎紀略　一卷　朱洪章

平猺志　十二卷　彭琭賠　　鴻猷錄　十六卷　明高岱

欽定剿平三省邪匪方略　正續附編　四百十一本　殿本　慶桂等

親征朔漠方略　四十卷　康熙間刊　以上史書方略類

古史類

逸周書孔晁注十卷盧文弨校

逸周書補注二十四卷陳逢衡

逸周書集訓校釋十一卷朱右曾自刊本

逸周書管箋十六卷丁宗洛

國語二十一卷吳韋昭注

國語補音三卷宋宋庠

國語校注本三種 輯存四卷 考異四卷 發正二 十一卷 汪遠孫

國語韋昭注疏十六卷洪亮吉
國語二十一卷札記一卷考異四卷吴照注　湖北局
國語二十一卷國策十卷通行本
戰國策三十三卷札記三卷續注　漢高誘注宋姚宏校正
戰國策十卷宋鮑彪注元吴師道補正
國策地名考二十卷程恩澤　狄子奇箋
戰國策釋地二卷張琦
戰國紀年六卷年表一卷閩林春溥
國策異同四卷明宋存標刊

戰國策去毒二卷陸隴其

采菽堂戰國策評選十二卷陳祚明

山海經十八卷畢沅校 又山海經十八卷附禽獸經

二卷晉郭璞傳

山海經箋疏十八卷圖贊一卷 又山海經地理今釋

六卷忠恕堂刊

竹書紀年二卷

竹書紀年校正十四卷棲霞郝懿行原刊

竹書紀年集正五十八卷江都陳逢衡

竹書紀年統箋十二卷雜述一卷當塗徐文靖原刊

竹書紀年補證　四卷　閩林春浦

考訂竹書紀年　十四卷　雷學淇

穆天子傳　郭璞注　七卷　洪頤煊校

世本　一卷　孫馮翼輯

校輯世本　二卷　雷學淇

家語　十卷　王肅注　互見

家語　八卷　何孟春注

家語疏證　六卷　孫志祖

家語證僞 六本
晏子春秋 七卷 音義二卷 校記二卷 齊晏嬰
越絶書 十五卷 漢袁康
吴越春秋 十卷 漢趙曄 一作六卷 汪士汧校
吴越備史 四卷 補遺考各二卷 林禹
列女傳 七卷 續一卷 漢劉向 五見
列女傳注 八卷 棲霞郝懿行妻王照圓 郝氏遺書本
列女傳校注 八卷 汪遠孫妻梁端 家刻本

新序十卷漢劉向
說苑二十卷漢劉向 神州古史考三本錢塘倪璠
古史紀年十四卷古史考年同異表二卷林春溥
別史類
東觀漢記二十四卷舊題漢劉真
前漢紀三十卷漢荀悅 後漢紀三十卷晉袁宏明刊
晉紀六十八卷郭倫原刻本
晉略六十卷周濟 晉書補傳贊一卷仁和杭世駿

六朝事跡二卷 宋新安張敦頤

西魏書二十四卷 謝啓昆

大唐創業起居注三卷 唐温大雅 唐宋叢書本

順宗實錄五卷 唐韓愈

東觀奏記三卷 唐裴庭裕

隆平集二十卷 舊題宋曾鞏

東都事畧一百三十卷 宋王偁

契丹國志十七卷 宋葉隆禮

大金國志四十卷舊題金宇文懋昭

宏簡錄二百五十四卷明邵經邦通行本

續後漢書四十七卷宋蕭常

續唐書七十卷陳鱣

宋史新續二百卷明柯維騏

南宋書六十卷明錢士升

元史類編錄四十二卷邵遠平通行本此書可接宏簡

皇明本紀一卷明藩部抄本

國朝事蹟一卷明劉辰

國朝禮賢錄一卷明藩抄本

三朝聖諭錄三卷明楊士奇

兩朝剥復錄六卷明吳應箕

明史稿二百八卷王鴻緒通行本

大清開國方畧三十二卷十六本四庫本

東華錄三十二卷蔣良騏 通行八卷

東華續錄一百卷王先謙石印巾箱本

乾隆東華錄一百二十卷王先謙

咸豐東華錄一百卷王先謙

同治東華錄一百卷

光緒東華錄二百二十卷

十一朝東華錄商務印書館

十一朝東華錄輯要仝上

九朝東華錄二百卷石印

東華錄三十二卷附二臣傳十二卷逆臣傳四卷

雜史類　　種　馬國翰

玉函山房輯佚書史編

帝王世紀十卷晉皇甫謐

古史考一卷漢譙周　武王克殷日記一李閩林春溥

路史四十七卷宋羅泌　路史節讀十卷嘉定廖文錦

路史通行本

春秋別典十五卷明薛虞畿

楚漢春秋一卷漢陸賈

伏侯古今注一卷漢伏無忌

建康實録二十卷唐許嵩

貞觀政要十卷唐吴兢

奉天録四卷唐趙元一

南部新書十卷宋錢易

鑒誡録十卷宋何光遠

錦里耆舊傳四卷宋何延慶

涑水紀聞十六卷宋司馬光

澠水燕談録三卷宋王闢之

汲古閣

靖康傳信錄三卷 宋李綱

建炎以來朝野雜記四十卷

金陀粹編廿八卷續三十卷 宋岳珂通行本

大金弔伐錄四卷 金闕名

慶元黨禁一卷 宋闕名 知不足齋本

宋季三朝政要五卷 宋闕名 附錄一卷 宋陳仲微

庚申外史二卷 宋葛谿權衡

宋人小史三種

靖康孤臣泣血錄 宋丁特起 抄本

汝南遺事 四卷元王鶚

歸潛志 十四卷元劉祁

元朝秘史 十五卷元脫察安

元朝征緬錄 一本嚴元照批校舊抄本 元聖武親征錄 一本何秋濤

明初事蹟 一卷金華叢書本 明大政纂要 六十三卷明茶陵譚希思編

建文朝野彙編 二十卷明秀水屠方叔

建文書法擬 前編一卷 正編二卷 附編二卷 明朱鷺

野獲編三十卷明沈德符

雙槐歲抄十卷明黃瑜

革除逸史二卷明朱陸㮮

弇州別集一百卷明王世貞

英廟北狩錄一本

列朝盛事一卷明王世禎

勝朝彤史拾遺記六卷毛奇齡

明季北略二十四卷南略十八卷錫山計六奇　通行本

明季稗史十六種二十七卷通行本
荆駝逸史五十三種
紀載彙編十種
甲申傳信録十卷錢塾
小腆紀年二十卷六合徐
小腆紀傳六十五卷補遺一卷六合徐
小腆紀年附考二十卷徐鼒
明季五藩實録七卷十六李琉璃廠興史氏刊

雜史類二

摭言十五卷 五代王定保

近事會元五卷 宋李上交

文昌雜錄七卷 宋龐元英

麟臺故事五卷 宋程俱

翰苑羣書二卷十二種 宋洪遵

愧郯錄十五卷 宋岳珂

朝野類要五卷 宋趙昇

玉堂嘉話 八卷 元王惲

科場條貫 一卷 明陸深

翰林記 二十卷 明香山黃佐 革除遺事節本 六卷 黃佐

觚不觚錄 一卷 明王世貞

明內廷規制考 三卷

內閣小識 一卷 附內閣故事 葉鳳毛

內閣漢票簽中書舍人題名正續 二本

南臺舊聞 十六卷 黃叔璥

大業雜記一卷唐杜寶

大唐新語十三卷唐劉肅　朝野雜記得四十卷宋李心

宣和遺事二卷

洛陽搢紳舊聞記五卷宋張齊賢

湘山野錄三卷續錄一卷宋釋文瑩

玉壺野史十卷仝上即玉壺清話

曲洧舊聞十卷宋朱弁

松漠紀聞一卷續一卷宋洪皓

石林燕語考異十卷 宋葉夢得

四朝聞見錄五卷 宋葉紹翁

東京夢華錄十卷 宋孟元老

夢粱錄二十卷 宋吳自牧

武林舊事十卷 宋周密

宋稗類抄八卷 李宗孔輯

東南紀聞三卷 佚名

長春真人西遊記二卷 元李志常

懸笥瑣探一卷　明劉昌

明宮史五卷　明呂毖

酌中志二十四卷　明劉若愚內監

春明夢餘錄七十卷　北平孫承澤退谷

社事始末一卷　杜登春

東林本末二卷　抄本

啓禎野乘十六卷　明鄒漪

墟垣紀畧十六卷　梁章鉅

載記類

華陽國志十二卷附錄一卷 晉常璩

十六國春秋百卷 舊題魏崔鴻 十六國春秋輯補百卷 湯球

鄴中記一卷 晉陸翽

五國故事二卷 宋佚名

九國志十二卷附拾遺 宋路振

江南野史十卷 宋龍袞

吳越備史四卷 宋錢儼 補遺一卷 宋闕名

增訂吳越備史五卷補遺一卷錢時鈺

十國春秋一百一十四卷吳任臣拾遺一卷備考一

馬令南唐書三十卷周昂

陸游南唐書十八卷音釋一卷

南唐書注周在復十八卷祥符

南唐書補注劉承幹十八卷吳興

南漢書十八卷叢錄二卷南漢文字四卷梁廷枏

西夏書事卷國朝人

逸史八種繆氏藏書鈔本

尚史七十卷李鍇乾隆間刊襄平人

南詔野史二卷明楊慎

南疆繹史五十六卷李瑤補編

明宮史八卷內監劉若愚

拳匪紀畧四本鉛印　西巡大事記四本鉛印

平淅紀畧卷紀左文襄事申報館　吳中平寇記卷紀李文忠事仝上

粵匪紀畧　曾文正公大事記四卷曾國藩

詔令奏議類

大明令一卷 上虞羅氏刊本

凡十朝

雍正硃批諭旨 本 三百六十卷 雍正十年奉勅編內存

上諭內閣 一百五十九卷 雍正元年至十三年

仁宗睿皇帝聖訓 十卷 殿本

高宗純皇帝聖訓 三百卷 殿本

文宗顯皇帝聖訓 百十卷 同治間刊

光緒新法令 十三卷

宣統新法令　石印二十本

內閣撰擬文字　二卷　附二編　三編　同治間刊

上諭條奏　光緒二十五年至三十年　四本

奏對筆記　二卷　摺譜　一卷　洪承疇　光緒間刊

皇清奏議　六十八卷　琴川居士　石印

蘭臺奏疏　三卷　一本　明馬從聘　畿輔叢書本

四家奏議　共七卷　林文忠　胡文忠　曾文正　駱文忠　汪瑔輯　光緒間刊

皇朝文典　百卷　李兆洛　通行本

陸宣公奏議十五卷制誥十卷四本唐陸贄 宋郎曄注

陸宣公奏議讀本四卷二本汪氏輯

蘇文忠公奏議二卷二本宋蘇軾

石林奏議十五卷六本宋葉石林

包孝肅公奏議十卷四本宋張田輯 宋包拯撰 同治開刊

孝肅包公奏議十卷四本明刊

歷代名臣奏議三百五十卷八十本張溥刪正本 明經廠本 明黃淮等編

歷代名臣奏議選刊三十卷二十四本趙琳恩同治開

許國公奏議 四卷 四本 宋吳潛 十萬卷樓本

皇明疏鈔 七十卷 明東萊孫旬輯刊

萬曆疏草 五十卷 明吳亮編

西臺疏稿 二卷 明臨川周孔教

朱文毅奏疏 十二卷 茶史一卷 明山陰朱賡

楊襄毅公奏議 十八卷 附五卷 明楊博

張可菴疏稿 六卷 明張棟

張太僕奏議 五卷 明吳郡張輔之

于忠肅奏議十卷 明于謙

蘭臺奏疏三卷一本 明馬從聘 畿輔叢書本

明名臣奏議二十卷 乾隆時敕編

王端毅公奏議十五卷六本 明王恕 明刊

關中奏議十八卷十八本 明楊一清

馬端肅公奏議十六卷四本 明馬文升

張文毅公奏案八卷四本 張芾

司空奏疏 會稽王順鼎

共吉紙言

于山奏牘八卷 于成龍

于清端公政書十本 于成龍西河人

劉兆麒疏草五卷

孟忠毅奏議二卷 孟喬芳

許東奏議十四卷 明張鹵刊

林文忠政書 林則徐 林文忠公奏疏十本 仝上

沈文肅政書 七卷 十二本 沈葆禎

曾文正公奏議十卷 補遺四卷 十六本 曾國藩

龔端毅公奏疏 八卷 十二本 龔鼎孳 光緒間刊

平番奏議 四卷二本 那彥成

彭剛直公奏稿 八卷六本 彭玉麟

左恪靖伯奏稿 三十八卷 三十二本 左宗棠

同治中興奏議 八卷 八本

皇清名臣奏議 六十八卷 四十本 仁和琴川居士編

孫忠定公奏議 六十九卷 附錄九卷 十五本 宋李綱 明刊

孫毅菴奏議 二卷 二本 明孫懋 鈔本

共吉紙店

兵垣奏議二本陳子龍

楊勇慤公奏議十六卷十六本楊嶽斌

丁文誠公奏稿二十六卷二十七本丁寶楨

汪東峯奏議四卷四本明汪元錫

徐公奏議一卷一本徐文達

卞制軍政書四卷奏議十二卷十六本卞頌臣

周忠愍公奏議二卷一本内府精抄本

嘉靖奏錄對十三卷八本明刊

趙襄忠公奏疏　八本

劉壯肅奏議　六本

澗于集奏議　六卷　六本　豐潤張佩綸　附詩四卷　二本

張大司馬奏議　四卷　四本　張亮基

出使奏疏　二卷　二本　無錫薛福成

張靖達公奏議　八卷　四本

夏文愍公奏議　二十一卷　附補遺　十二本　明桂洲夏言　乾隆間刊

三公奏議　二十本　曾文正　胡文忠　林文忠

重　重

奏對筆記二卷 摺譜一卷 二本 洪承疇 光緒間刊

平番奏議四卷 二本 那彥成

皇清奏議六十八卷 八本 琴川居士石印

李忠定公奏議六十九卷附錄九卷 二十本 宋李綱

政府奏議二卷 宋范仲淹

盧忠肅公奏議　卷 明盧象昇

華野疏稿五卷 郭琇家刻本

皇朝經世文編一百二十卷 賀長齡 魏源編 極切

開齋文鈔與此書內不盡奏議

政書類一

通典二百卷唐杜佑

通志二百卷宋鄭樵

通考三百四十八卷元馬端臨

續通典一百四十四卷乾隆間奉勅編

續通志五百二十七卷仝上

續通考二百五十二卷仝上

皇朝通典一百卷曹仁虎乾隆間奉敕編

皇朝通志二百卷仝上

皇朝通考二百六十卷仝上

三通序石印通行本

三通考輯要正二十四卷續二十六卷皇朝二十六卷三十本鉛印湯壽潜

六通訂誤二本席裕福鉛印

通志畧二十卷

九通 三通 續三通 皇朝三通 千卷李淅江局刊 又一千卷貫吾齋石印

文獻通考正續合編 三百四十八卷 元馬端臨

文獻通考纂 二十二卷 康熙間刊 文獻通考詳節 二十四卷

文獻通考識畧 十本 抱經樓舊藏抄本

文獻徵存錄 文獻通考紀要 四卷 張爲 石印

漢制考 四卷 宋王應麟

西漢會要 七十卷 宋徐天麟 東漢會要 四十卷 徐天麟

唐會要 一百卷 宋王溥 五代會要 三十卷 宋李攸

宋朝事實二十卷 宋李攸

漢官六種 漢官一卷 漢官解詁一卷 漢王隆撰胡廣注 漢舊儀二卷 應劭 漢官典職儀式選用一卷 蔡質 漢儀一卷 吳丁孚 平津館本 又漢官舊儀二卷 漢衛宏

唐六典三十卷 唐元宗

明會典 官修 一百八十卷 明李

大唐開元禮一百五十卷 唐蕭嵩勅撰

大金集禮四十卷 金張暐

大明集禮五十三卷 明徐一夔等奉勅撰 以上政書 類歷代之制

大清會典圖說事例一千一百三十二卷 嘉慶閒四次勅撰

皇朝禮器圖式二十八卷 乾隆閒勅撰

大清通禮五十四卷道光間敕撰
皇朝祭器樂舞錄二卷合肥李瀚章
萬壽衢歌樂章六卷內府聚珍本
唐壽衢歌樂章六卷廣雅局刊
南巡盛典百二十卷乾隆間殿本西巡盛典二十四卷董誥
幸魯盛典四十卷金居敬慶典成案四李又慶典章程通行李
同治大婚禮節一本坊刊吾學錄初編二十四卷吳榮光
會典簡明錄一卷張祥河訂以上政書類今制

皇明謚法考九卷 歙鮑康 國朝謚法考一本 王士禛
謚法四卷 宋蘇洵 歷代名臣謚法彙考十卷 常州劉長華
皇朝謚法考五卷 補編 續編 各一卷 歙鮑康
歷代職官表六十三卷 乾隆四十五年紀昀奉勅撰
闕里文獻考一百卷
學宮備考十卷 彭其位
俎豆千秋二本 鈕印
古今治統二十卷 明徐奮鵬

詞林典故八卷張廷玉　皇朝詞林典故六十四卷朱珪

詞垣考鏡五卷吳鼎雯　槐廳載筆二十卷法式善

翰苑郡書二卷唐李肇　歷代狀元事考

歷代鼎甲錄　鼎甲徵信錄

國朝翰詹源流編年五卷四本吳鼎雯

欽定臺規四十卷延煦　三事忠告一本牧民風憲廟堂元張養浩

牧令書二十三卷保甲書三卷徐棟　牧令輯要十卷

牧令芻言一本陳學唐光緒閩刊　保甲書輯要四卷徐棟

欽頒州縣事宜一本田文鏡同治間刊　福惠全書三十二卷黃六鴻

官海指南五種六本許乃普輯　治譜三種四本讀律心得庸吏庸言

蜀僚問答劉衡道光間刊　荒政輯要九卷補遺二卷江志伊

畿輔義倉圖六本方觀承通行本　名法指掌圖四卷黃魯漢

入幕須知五種六本幕學舉要佐治藥言學治臆說辦案要略刑幕要略

銅政便覽八卷　求治管見一卷續一卷戴肇辰

官幕同舟錄二卷費山壽　從公錄一本戴肇辰

洪江育嬰小識四卷張祖培　鹹政備覽五種光緒間刊

鹽法通志一百卷烏程周慶雲　州縣須知摘要四卷程炎

金吾事例十二本多羅定郡王咸豐間刊

綠棠吟館書目 史部二

綠棠吟館書目

北平稚川居士輯箸

史部

傳記類

高士傳 三卷 一本 晉皇甫謐

廉吏傳 三卷 高士傳續編 四卷 六本 山左張允掄

孝子傳 一集 四本 一名古今孝子傳

二十四孝圖 一卷 一本

古今孝友傳十五卷補遺一卷襄城劉青蓮

漢丞相諸葛武侯傳一本宋張栻

周列士傳一本會稽顧壽楨

歷代名儒傳

歷代儒學存真錄十卷田儆

歷代循吏傳八卷六本朱軾

史傳三編三十四本　名儒傳　循吏傳　名臣傳

歷代名賢譜十六集　歷代名臣傳三十五卷續編五　卷朱軾

唐才子傳八卷 元辛文房 節輯十種本

元佑黨人傳十卷 四本 陸心源

嘉靖以來首輔傳八卷 明王世貞

崇禎五十年宰相傳 一本 曹溶 鉛印

東林列傳二十四卷 陳鼎

金華賢達傳十二卷 二本 明鄭栢 康刊

金華先民傳十卷 永康應廷育輯 抱經舊抄本

王氏家傳一卷 一本 王文雄

方氏鄉賢傳　二卷　一本

中國名相傳　二卷　二本　鉛印

鹿忠節公傳　一本　明鹿繼善

百將圖傳　二卷　二本　丁日昌刊

國朝滿漢名臣傳　八十卷　中興名臣事畧　八卷　朱孔璋　鉛印

劍俠傳　四卷　續一卷　續圖　三本

古列女傳　八卷　漢劉向　明吳郡黃魯曾贊

列女傳補　八卷　校正　十卷　續錄　一卷　福山王員照

宋名臣言行錄　元名臣言行錄
明名臣言行錄　歷代名臣言行錄
尚友錄廿二卷補遺二卷　鉛印巾箱本
尚友錄統編一百卷二十本　石印
遼金元明尚友錄六本
國朝尚友錄四本　鉛印巾箱本
君鑑錄二集
臣鑑錄二集二十卷蔣伊

君臣仕女鑑錄二集　古今儲貳金鑑六卷

鄭學錄四卷鄭珍

道命錄十卷宋李心傳

鶴徵錄八卷後錄十二卷李富孫

歷代鼎甲錄一集　歷代鼎甲徵信錄四卷附明李闓湘慧

詞科掌錄十七卷餘話八卷杭世駿

江西節孝錄八十七卷

太鎮忠義姓氏錄七卷顧師式

勝朝殉節諸臣錄 十二卷 五本 乾隆御定

忠節錄 二卷 一本 明楊箴

表忠錄 四卷 四本 記陳化成吳淞殉難詩文 咸豐閩刊

庚申忠義錄 六本 仝上

忠義紀聞錄 三十卷 八本 李鎮海陳繼聰

孤忠錄 三卷 四本 吳可讀瞽殉記奏疏等

表忠錄 二本 管紹寧

續表忠記 八卷 八本 趙吉士

忠烈實錄 一本 胡維先

昭忠錄 一卷 一本 宋路振

浙江忠義錄 十卷 四本 江陰忠義錄 六卷

滄城殉難錄 四本福海 四卷

李剛烈公碧血錄 一本 李福培同治間刊

秋浦雙忠錄 四十卷 貴池劉世珩刊

兩江忠義錄 四本。成華節孝錄 四卷四本王照 咸豐間刊

廣西昭忠錄 八卷八本殷匯忠錄三卷平桂紀略四 卷堂匯總錄十二卷廣西道里表一卷

補陽人物記一卷

魏塘人物記六卷二本山陰汪能肅

南陽人物志十八卷十二本新昌劉沛然

國朝先正事略六十卷平江李元度鉛印

元名臣事略十五卷四本元蘇天爵

熙朝宰輔錄一卷一本　聖賢羣輔錄一卷晉陶潛

孔門弟子記三卷　孔門弟子考三卷閩觀瀨道人

船山師友記十八卷湘潭羅正鈞

歷代壽考名臣錄 四本 洪梧 活字本

宋義士唐公傳 一本

讀史正氣錄 十八卷 四本 姚德鈞

皇朝聖師考 七卷 曲阜鄭曉如

聖門諸賢輯傳 一本 查光泰 光緒間刊

樞垣題名 一本 是書又名軍機章京題名 由道光至同治六年至

唐相臣傳 四十二卷 五季梁唐相臣傳 二卷 明魏顯國刊

韓忠獻遺事 一本 舊抄本 宋韓琦之事

姓名年譜類

姓氏急就篇 二卷 宋王應麟

元和姓纂 十八卷 唐林寶 掃葉山房

古今姓氏書辯證 四十卷 校勘記三卷 宋鄧名世

姓氏尋源 四十五卷 張澍

萬姓統譜 一百四十卷 明凌稚隆刊

史姓韻編 六十四卷 汪輝祖

姓氏五書 姓韻 遼金元三史姓錄 姓名尋源 姓氏辨誤 姓氏書目考證 張澍

遼金元三史同名錄 四十卷 汪輝祖

九史同姓名略 七十二卷 補遺四卷 汪輝祖

遼金元三史同名錄 四十卷 汪輝祖

歷代同姓名錄 二十三卷 棠川劉長華

古今同姓名錄 二卷 元葉森抄本

爵里姓氏考 一本

姓氏辨誤 三十卷

周公年表 一卷 牟廷相 福山王氏刻本

孔子編年 五卷 二本 宋胡仔

孔子年譜

先聖生卒年月日考 二卷 四本 曲阜孔廣牧

孔孟編年 四卷 一本 溧陽狄子奇

孟子年譜 二卷 二本 蕭之昇

陶靖節年譜 一卷 一本 嘉應古直編 聚珍本

韓柳年譜 八卷 四本 宋魏仲舉 宋文安禮撰

二程年譜 二卷 明道伊川 明刊

二梅公年譜 五卷 梅詢 梅堯臣

朱子年譜 十卷 四本 王懋竑輯注

建文年譜 四卷 四本 趙士喆 木活字本

戚少保年譜 十二卷 十二本

朱文端公年譜 一卷 一本 宋朱軾

李杜年譜 二卷 一本 明刊

文文山年譜 一卷 一本 鉛印

鄭延平年譜 一本 一卷 吳興許浩基編 鉛印

黃梨洲年譜 二卷 二本

黃黎洲黃忠端公年譜合刻 二本

孫奇逢年譜 二卷 遊譜答問孝友堂家規 五卷 四本

吳梅村年譜 四卷 一本 太倉顧師軾編

張楊園年譜 四本

汪堯峰年譜 一本 崑山趙經達編

弇山畢公年譜 一本

查東山年譜 一本

查他山年譜 一卷 一本 陳敬璋編 鈔本
汪雙池年譜 四卷 二本 余龍光
李恕谷年譜 五卷 四本 畿輔叢書本 馮辰刊
陳尌池年譜 一本 鉛印
姚雲東年譜 一本 沈銘彝
南明老人年譜 一卷 張鳴珂
羅文恪公年譜 一本 羅惇衍 一作四本
吳文節公年譜 一卷 一本

李文正公年譜七卷一本

李文貞公年譜二卷 李清植

杜文端公年譜二本 杜堮

陳文肅公年譜一本

曾文正公年譜十二卷四本 黎庶昌 光緒刊

沈端恪公年譜二卷 勵志錄二卷 二本 沈日富纂

潘文勤公年譜一本 潘祖蔭

潘氏年譜一卷一本 潘世恩

甌北年譜一卷一本 趙翼

李芝昌年譜 一本

楊遇春年譜 一本

徐宗幹年譜 一卷一本

徐壽臧年譜 一卷一本

二妙年譜 二卷一本 元和元和孫標謙

文端公年譜 三卷三本 按即錢陳群年譜

顧閎年譜 二本

葛氏年譜 一本 葛雲飛

潘敷九自訂年譜 一本

丹魁堂自訂年譜 一本 李芝昌

尹楚珍年譜 一本 蒙自尹壯圖自記

自撰年譜 一卷 續一卷 別記 一卷 二本 吳江葉紹袁

王蘭史年譜 一本

訒穀老人自訂年譜 一本

定興鹿氏二續譜 十本 鹿傳霖 鹿忠節公年記 二卷 陳鋐

病榻夢痕錄 二卷 餘錄 一卷 四本 蕭山汪輝祖

按此書即年譜

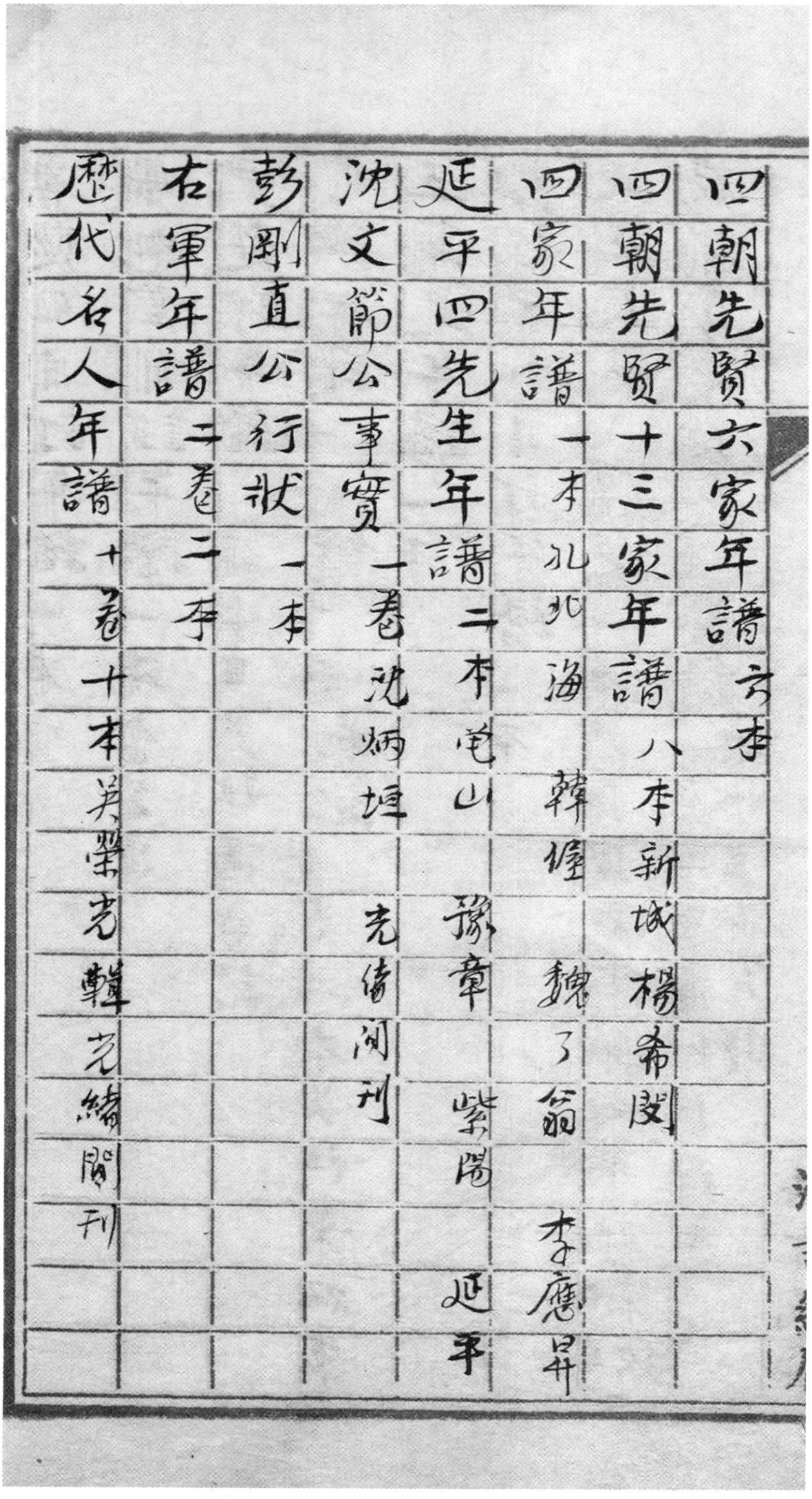
四朝先賢六家年譜 六本
四朝先賢十三家年譜 八本 新城楊希閔
四家年譜 一本 孔北海 韓偓 魏了翁 李應昇
延平四先生年譜 二本 龜山 豫章 紫陽 延平
沈文節公事實 一卷 沈炳垣 光緒間刊
彭剛直公行狀 一本
右軍年譜 二卷 二本
歷代名人年譜 十卷 十本 吳榮光輯 光緒間刊

黄山谷年譜 三本 十四卷

周忠介公年譜 一卷 遺事 一卷 燼餘集 三卷 三本 明 周順昌

王荊公年譜考畧 二十五卷 六本 蔡上翔 鉛印

張廷玉年譜 之卷 二本

多忠勇公年譜 二本 多隆阿

四朝先賢十三家年譜 十八本 新城楊希閔

四洪年譜 四卷 四本 洪汝奎 宣統間晦木齋刊

李見羅先生行畧 一本

陳文恭公年譜　十二卷　四本　陳宏謀

陸清獻公年譜　定本二卷　康仁堂刻本　附錄一卷　二本　吳光酉輯

船山公年譜　前編一卷　後編一卷　二本　八世孫之春輯

德壯果公年譜　三十二卷　十六本　花沙納

那文成公年譜　三十四卷　三十二本　那彥成

駱文忠公年譜　二卷　二本　駱秉章

昇勤直公年譜　二卷　二本　寶琳

黃忠端公年譜　二卷　一本　黃炳垕編

以上姓名年譜之屬

宗室王公年表十二卷
八旗通志十二集
八旗滿洲氏族通譜八十卷三十二本武英殿本
八旗氏族通譜輯要二卷二本通行本

史評類

史通通釋二十卷唐劉知幾 史記評林百三十卷明凌稚隆

漢書評林一百卷 明凌稚隆刊 湘南局史記漢書評林一百三十卷百卷合刊

唐書直筆四卷宋呂夏卿

舊聞證誤四卷宋李心傳

史糾六卷明朱明鎬 史取十二卷龍城賀詳

文史通義八卷校讎通義三卷章學誠

涉史隨筆一卷宋葛洪 知不足齋本

東萊博議二十五卷宋呂祖謙 左傳

兩漢解疑二卷明唐順之 漢書札記七卷李慈銘 印

三國雜事一卷宋唐庚

兩晉解疑一卷明唐順之 晉書札記五卷李慈銘

唐鑑二十四卷宋范祖禹 宋呂祖謙注

唐史論斷三卷宋孫甫 宋梁北魏隋書札記一本李慈銘

新舊唐書雜論一卷明李東陽

明鑑二十四卷欽定 胡敬同治開刊

明事斷畧一卷備月山房李

空山堂十七史論牛運震自刻本 讀史漫錄十四卷明于慎行

史林測義三十八卷計大受自刻本 讀史提要十二卷高沙夏之蓉

讀史偶得二卷 深巷居史評二卷高遠業

五史斠義五卷一本羅振玉家刊本 讀史論畧一本杜紫綸

讀史鏡古編三十二卷潘世恩 史記輯評十卷邵晉涵

讀通鑑論三十卷 宋論十五卷王夫之

通鑑博論三卷明寧王刊 看鑑偶評五卷尤侗

劉嘯林史論八卷襄陽劉 青霞 歷代史論十二卷明張溥

歷代史事論海三十二卷石印 分類史類大成十九卷石印

古今史論大觀前編十五卷後編十七卷石印

北堂書抄一百六十卷南海孔廣陶 讀史四集 快眼膽識四卷 楊以任道光間刊

二十二史箋案箋十二卷王 評鑑闡要十二卷劉統勳

六朝通鑑博議十卷宋李燾 鑑語經世編二十七卷魏裔介

澂景堂史測十四卷趙鴻 讀史快編六十卷趙維寰撰明刊

古今人物論八本石印

地理類

王隱晉書地道記一卷太康三年地記一卷畢沅輯

闞駰十三州志二卷晉闞駰張澍輯

括地志八卷唐魏王泰孫星衍輯

元和郡縣志四十卷唐李吉甫附拾遺二卷嚴觀

太平寰宇記一百九十三卷宋樂史

元豐九域志十卷宋王存等

輿地廣記三十八卷札記二卷宋歐陽忞

輿地紀勝一百六十八卷宋王象之
咸淳臨安志九十三卷札記三卷宋潛說友
淳佑臨安志六卷宋施諤輯逸八卷
黔南識畧三十二卷白愛必達長職方識畧九卷繞典六本安化羅
𪗋乘六卷元于欽
滇略十卷明謝肇淛以上古代地理之屬
大明一統志明刊九十卷四十八本萬安等明刊又李賢
大清一統志四套大清一統輿圖三十本胡林翼

水經注四十卷二十四本 魏酈道元撰 戴震校刊

水經注釋地 四十卷十二本 魏酈道元撰 張匡學 又水道直指一

卷補遺一卷 仝上 嘉慶間刊

水經注圖說殘稾四卷 董佑誠 董方立遺書本

水經注西南諸水考 三卷 陳澧

畿輔水利議 附林文忠公外集二本 光緒間刊

續行水金鑑 一百五十六卷 黎世序 潘錫恩刊

行水金鑑 百七十五卷 傅澤洪初印 通行本

水道提綱 二十八卷 四本 齊召南原刊

海運新考 三卷 二本 明刊

籌海圖編 十三卷 四本 明胡宗憲

西域水道記 五卷 四本 徐松

河防疏略 六本 河防志 十二本

河渠紀聞 二十卷 清合河康基田

山東全河備考 四卷 古吳葉方恒 康熙間刊

河防纂要 六卷 天長陳宇

河防一覽十四卷明潘季馴刊 姜化揆鼎臣撰二本

揚州水道記四卷一本儀徵劉文淇

淮揚水利圖一本 長江圖說十二卷

三湖水利本末上下卷二本排印本

安瀾紀要二卷二本貽安堂本 迴瀾紀要二卷二本 德清徐端撰

海道圖記十五卷十本 附圖

治河方略十卷八本鄂崔應階乾隆間刊

浙西水利備考四本局刊

蜀水考四卷 二本 閬中陳登龍述 朱錫穀補注

東南水利畧六卷 六本 烏程淩介禧 道光間刊 以上水經之屬

畿輔通志 百二十卷唐執玉雍正間刊 又三百卷黃彭年光緒間刊

盛京通志 四十八卷伊把漢等 雷以誠乾隆間刊 又三十二卷

吉林通志 百二十二卷 長順光緒間刊

黑龍江通志綱要 二本 李金梁

江西通志 三十七卷 明嘉靖林庭棉 又一百六十二卷

河南通志 附續 共百六十卷 王士俊 近印 又阿思哈

山西通志二百三十卷覺羅石麟雍正間刊又儲天文又山西輯要十卷巾箱李

山東通志四十卷岳濬乾隆間刊又二百卷孫葆田宣統間鉛印

陝西通志三十二卷李楷纂修康熙間刊又一百卷沈青崖

廣東通志三十卷金光祖康熙間刊又三百三十四卷阮元

廣西通志四十卷廖必強纂修康熙間刊

浙江通志二百八十卷首三卷嵇曾筠乾隆間刊

福建通志六十四卷金鋐

四川通志二百四卷首二十二卷常明等修

湖南通志　卷

續雲南通志稿一百九

湖北通志一百七十二卷　江夏張仲炘近刊

貴州通志　卷　章學誠　活字本

甘肅通志　卷

滿洲源流考二十卷　欽定殿本　阿桂等

蒙古源流八卷　一本　汪睿昌譯注　鉛印

蒙古史料校注四種　四本　海寧王國維排印本　以上通志之屬

語溪考二卷　王士禎

語溪新志十四卷　成都宋溶

逍遥山萬壽宫志 二十二卷 十本 光緒甫刊
泰山志 二十卷 休寧金棨 泰山道里記 一本 聶劍光
衡嶽志 八卷 朱衮
華嶽志 八卷 四本 開門李榕 華嶽全集 十三卷 四本 明李時芳
南嶽志 八卷 六本 高自位 乾隆開刊 南嶽紀畧 謝仲坑
説嵩 三十二卷 十本 景日昣
黄山志 十二卷 四本 乾隆開刊
茅山志 十四卷 八本 笪蟾光 康熙開刊 一俀十三
卷

廬山志十五卷毛德琦 江西省

鷄山志一本鈔本

石鍾山志十二卷八本元李成謀

鳥石山志九卷四本 道光附刊

雁蕩山志二十卷八本廬雁蕩山志二十五卷

焦山志二十六卷續八卷十本又十二卷四本通行

吳雲 江蘇省

武夷山志二十四卷附圖一卷八本董天工

武夷志略四卷四本徐表然明刊

天台山方外志三十卷八本 沙門傳燈

阿育王山志十卷八本 明刊

普陀山志二十卷四本 金陵秦耀曾

盤龍山紀要四卷一本 方秉孝

龍角山記 抱經堂舊抄本 一本

盤山志十卷附補遺四本 釋智朴 通行本 又盤山志 殿版代圖十本

說盤 一本

上方山志 二本 房山縣

潭柘山志八本

天童寺志十卷四本此書又名太白山志明崇禎閒刊

昭慶寺志十卷吳樹虛乾隆閒刊

開元寺志二本吳縣潘曾沂鉛印

鼎湖山志八卷釋成鷲又鼎湖山慶雲寺志八卷丁易學

天竺山志十二卷六本管廷芳

慧山志四卷續三卷六本同治閒刊

五蓮山志五卷二本康熙閒刊

天下名山勝概記 四十六卷 明何鏜振卿刊

萬山綱目 二十六卷 八本 李成

湯陰精忠廟志 十卷 張玉車

嵩山志 二十卷 五本

龍虎山志 十六卷 六本 婁近垣 道光刊

延福寺志 二卷 一本 鈔本

鶴林寺志 二卷 一本 雲林寺志 四本 厲鶚

白石山志 六卷 附一卷 四本 嘉善戴鏊峯 附金石

烏石山志 十卷 六本

清涼山志 十卷 四本

麻姑山志 十二卷 黄家駒撰 六本 同治間刊

靈峯山志 四卷 附一卷 二本 烏程周慶雲

龍興寺志 十二卷 四本

崆峒志 舊鈔本

九疑山志 四卷 二本 樊在廷輯

岱史 十八卷 七本 明譚耀 萬曆間刊

西湖志　四十八卷　二十本

西湖覽勝志　八卷　一本　明夏基纂　鈔本　又西湖游覽志二十四卷四本　錢塘田汝成

西湖新志　十四卷補六卷　五本　上海胡祥翰

莫愁湖志　六卷　二本　馬士圖　光緒間刊

趵突泉志　二卷　二本　歷下伍弘遠

湖山便覽　十二卷　六本　仁和翟灝翟瀚同輯

九華山志　十卷　八本　謝維喈

太湖備考　十六卷　八本　吳縣金友理原印

廬山記三卷附廬山紀畧一卷守山閣本晉釋惠遠宋陳舜俞

曹江孝女廟志九卷卷末一卷

京口山水志十九卷

盛湖志二卷批校本四本

孔宅志八卷四本孫鈜

闕里志二十四卷明刊

三遷志十二卷間刊陳錦光緒

陋巷志八卷呂兆祥明刊

鴻雪因緣圖記三集古蹟三冊完顏麟慶見亭

以上山水名勝

日下舊聞四十二卷十二本 秀水朱彝尊

欽定日下舊聞考一百六十卷四十本 乾隆間敕編 嘉慶間殿本

日下舊聞考摘錄十六卷八本 鈔本

帝京景物畧八卷二十四本 劉侗又帝都雅景一覽

藤蔭雜記十二卷二本 戴璐

酌中志 互見 六本 明劉若愚 酌中志餘二卷二本 宏階 閩刊

宸垣識畧十六卷八本 仁和吳長元撰 乾隆間刊

天咫偶聞十卷八本 長白震鈞在廷

移前

都門紀畧 八本 中箱 李 京師五城坊巷胡同集 一卷一本 明張甬

朝市叢載 八本 中箱本 北京風土叢 二本

京師五城坊巷胡同集 一卷 一本 明張爵 以上京師 掌故古蹟之屬

歷代帝王宅京記 二十卷 顧炎武

新疆識略 十卷 十本 徐松代松筠撰 刻本

黑龍江外紀 八卷 二本 西清撰 漸西村舍本

吉林外紀 薩英額 十卷 四本 漸西村舍本

黑龍江述畧 六卷 二本 桐城徐宗亮

西藏圖考八卷 四本 楚南黃沛翹 衛藏通志十六卷

朔方備乘六十八卷首十二卷 二十四本 何秋濤

金川瑣記六卷 李心衡 珠塵本

蠻書十卷 唐樊綽 聚珍本

蠻司合志十五卷 毛奇齡

苗防備覽二十二卷 溆浦嚴如熤 胡

峒谿纖志三卷志餘一卷 陸次雲 說鈴本

番社采風圖考 六十七卷 珠塵本

皇朝藩部要略十六卷表四卷 祁韻士 道光閒刊

皇朝西域圖志五十二卷乾隆閒敕撰殿本

西招圖畧十卷松筠自刻本

衛藏圖志五卷盛繩祖 衛藏通志十六卷和琳輯

秦隴回務紀畧一本

臺灣輿圖二本光緒閒刊 臺灣隨筆一卷徐懷祖 學海本

新疆訪古錄二卷新城王樹枏 新疆禮俗志一卷仝上 新疆小正一卷仝上

新疆圖志十六卷袁大化 以上邊塞之屬

徐霞客遊記十二卷二十本明徐宏祖

孫文定公南遊記一卷一本

雁蕩記勝一卷閒漁劉德新裕公著盧陽名勝便覽六卷酌影堂主人著

西樵游覽記十四卷四本南畬子編乾隆間寫刻

普陀山遊記二卷本

滇南雜志二十四卷上海曹樹翹申報館本

洛陽伽藍記五卷二本魏楊衒之影印

盤山游記一卷說磬

天下名山勝景遊記 一本 鉛印 山陰王泰來輯

桂林風土記 一本

蜀輶日記 四卷 一本 陶澍 湖南局刊

游名山記 十六卷 二十本 明 括倉何鏜 嘉靖間刊

萬里行程記 一本 壽陽祁韻士

蜀道驛程前後記 南來北歸志 二本 王漁洋

滇軺紀程 荷戈紀程 一本 林則徐

宦遊記略 一本 二卷 貴筑 高廷瑤

龍井見聞録 十卷 汪孟鋗 通行本

度隴記 四卷 董恂自刊

謁岱記 一本 光緒間刊

平山攬勝志 十卷 汪應庚 乾隆間刊

康輶紀行 十六卷 姚瑩 東槎紀畧 五卷 姚瑩

元耶律楚材西游録

古今游記叢抄 六本 掃葉山房

真臘風土記 一本

南越游記三卷劒川陳徽言

蒙古遊牧記十六卷平定張穆　　出塞紀畧一本錢良擇

星軺指掌三卷續一卷聯芳譯鉛西

使東述畧

使西紀程一本郭嵩濤

東槎筆記二本誠春

談瀛錄六卷二本袁祖志石印

環遊地球新錄四卷李圭光緒間刊

以上游記之屬

海國圖志一百卷魏源

海國聞見錄附圖二卷陳倫炯

海錄一卷楊炳南

瀛寰志略十卷五臺徐繼畬

海道圖說十五卷附長江圖說三卷上海製造局李

坤輿圖說二卷明南懷仁泰西人

地球圖說一卷西洋蔣友仁譯

異域錄二卷圖理琛此書紀俄羅斯地理

北徼彙編 四卷 何秋濤

越史畧 三卷 明越南人著 安南志畧 十九卷中本社 越南黎崱鉛印

日本國志 四十卷黃遵憲 日本國史畧 五卷日本源 朝松苗

高麗國史 一百四十卷 明鄭麟趾朝鮮刻本

琉球國志畧 十六卷 周煌

五洲地理志畧 三十六卷 王先謙

大美聯邦志畧 二卷 鉛印

大英國志 八卷 英國慕維廉 以上外國之屬

金石類 附陶瓷古董等

金石三例 十五卷 四本 乾隆間刊

金石例

金石契 四本 張燕昌 貴池劉氏刊

金石錄 十本 卅卷 雅雨堂本 宋趙明誠 東巡金石錄 二本

金石學錄 二本 陸心源 西泠社印

金石萃編 八十本 一百六十卷 王昶輯 金石苑 六本 劉喜海 同文館印

金石索 十二本 原刊 金石屑 四本

金石聚 十六卷 十六本 張德容步蘅撰

兩漢金石記 八本 二十二卷 翁方綱

關中金石記 五本　關中金石 八卷 二本 畢沅

閩中金石文字考存逸 八本

襄陽金石畧 九本

湖北金石志 十四本

吳郡金石目 二本

兩淛金石志 十八本 十六卷 阮元桌刊

京畿金石錄　京畿金石考 二本

濟寧金石志八卷八本徐宗幹

粤西金石略十五卷四本謝啟昆道光間刊

山右金石記九卷六本　通志內單行本

山左金石志二十四卷二十二本阮元

江左石刻文編十二本　繆氏藏抄本

括蒼金石志十二卷四本嘉興李遇孫原刊

越中金石記十卷八本山陰杜春生

粤東金石略九卷附録二卷四本翁方綱原刊

隨軒金石文字 四本 附雁足鐙考 徐渭仁彙刊

求古精舍金石 四卷 六本

吉金所見錄 十六卷 四本 渭園刊

寶簠齋藏金石 濰陽陳氏

吉金志存 三本

金石文字記 六卷 六本 顧炎武

中州金石考 四本

濬縣金石錄 一本 熊潛山

山左碑目 四卷 二本 益都段松苓

至聖林廟碑錄 六卷 一本 抄本 又通行 二本

非見齋碑錄 一本

妙香亭碑目 卷 二本

宋金元明碑文佚碑文 舊鈔本

秦漢瓦當文字一卷 續一卷 三本 程敦著

秦碣石頌 一本 徐鼎臣臨

蜀碑記 一本

共古齋

石鼓文釋存 一卷 一本 劉士珩精刊 張燕昌本

石鼓文纂釋 一本 趙烈文

碑磚集 百六十卷 六十本 錢儀吉 江蘇局刊

輿地碑記目 四卷 二本 宋王象之 滂喜齋刊

漢碑錄文 四卷 四本 魚台馬邦玉 道光間刊

寰宇訪碑錄 十二卷 孫星衍

補寰宇訪碑錄 五卷 二本 趙之謙 同治間刊

平津讀碑記 附續記 八卷 四本 洪頤煊 嘉慶間刊

金石碑板廣例 十卷 六本 王芑孫 道光刊

金石屑 四卷 四本 鮑昌熙 光緒刊

小蓬萊閣金石 五本 道光刊

昭陵碑錄 三卷 一本 羅振玉 晨風閣本

千甓亭古塼圖釋 二十卷 四本 陸心源

語石 十卷 四本 長洲葉昌熾

陶齋藏石記 四十四卷 十二本 端方 午橋

附藏瓴記 石印 商務印書館

程荔江印譜 一卷 程從龍公上

十鐘山房印舉　　卷　陳介祺　仝上

讀雪齋印譜　孫春山　仝上

甄古齋印譜　　卷　仝上

秦漢印統　八卷　明羅王常

集古印範　十卷　明潘雲杰

賴古堂印譜　四卷　周亮工

古今印則　二本　明程遠

歷朝史印　十卷　學圯　姚晏董

古泉叢話三卷二本潘氏原刊 滂喜齋刊初印 前燮鈞 漢沙南侯

古泉滙六十四卷 利津李佐賢 續泉滙十三卷附錄二卷 又續古泉滙十六卷四本 歙鮑康 二十本

古今錢略三十六本 三十二卷 倪模述 望江人

遯庵古錢存八本 西泠印社

欽定錢錄十六卷二本 石印 又四本

董適錢譜一本 抄本

錢幣圖說六卷二本 吳文炳 涇縣人

泉布通志九卷十六本 孟麟

泉布統志 九卷 八本 會稽孟麟

陶齋吉金錄 八卷 八本 端方所藏金石精品 光緒戊

陶齋吉金續錄 二卷 二本 石印

古泉攷 八卷 甌山金忠淳稿本 有阮元序跋未刊

周遂鼎圖款識 二本 漢陽葉氏校刊

嘯堂集古錄 宋王俅撰 商務印書館

愙齋集古錄 二十八本 吳大徵 仝上

寧壽鑑古 三十二本 影寧壽宮寫本 商務印書館

西清硯譜 四套 秘殿珠林 八本 載內府收藏珍品 有正書局

西清古鑑 二十四本 四十卷 錢錄十六卷 西清續鑑 二十本

文房肆考 八卷 互見 六本 有圖 練水唐秉鈞肆 一佰四

硯史 三卷 宋米芾 百川學海本

端溪硯史 三卷 二本 吴蘭修編

端溪硯坑考 硯隱 硯談 墨餘贅稿 一本 秀水計楠

端石擬 二卷 一本 海鹽陳齡

寶硯堂硯辨 一本 高要何傳瑤 道光間原刻

古玉圖考 四本 吳大澂 石印

玉譜類編 四卷 四本 武進徐壽基

玉紀 一卷 一本

古玉圖譜 一百卷 十六本 宋龍大淵等

宣和博古圖錄 三十卷 十二本 明萬曆間刊

三古圖 博古圖 二十四本 亦政堂刊 古玉圖 考古圖

古梅園墨譜 三本

古梅園墨譜後編 四本

古董瑣記八卷四本江寧鄧之誠

陶說六卷一本海鹽朱琰 莫友芝手鈔

飲流齋說瓷二卷四本廣州許之衡 鉛印

紹陶錄二卷宋王質 湖北先正遺書本

景德鎮陶錄十卷（屬）七本南昌藍浦 以金石古玩之

長物志十二卷明文震亨

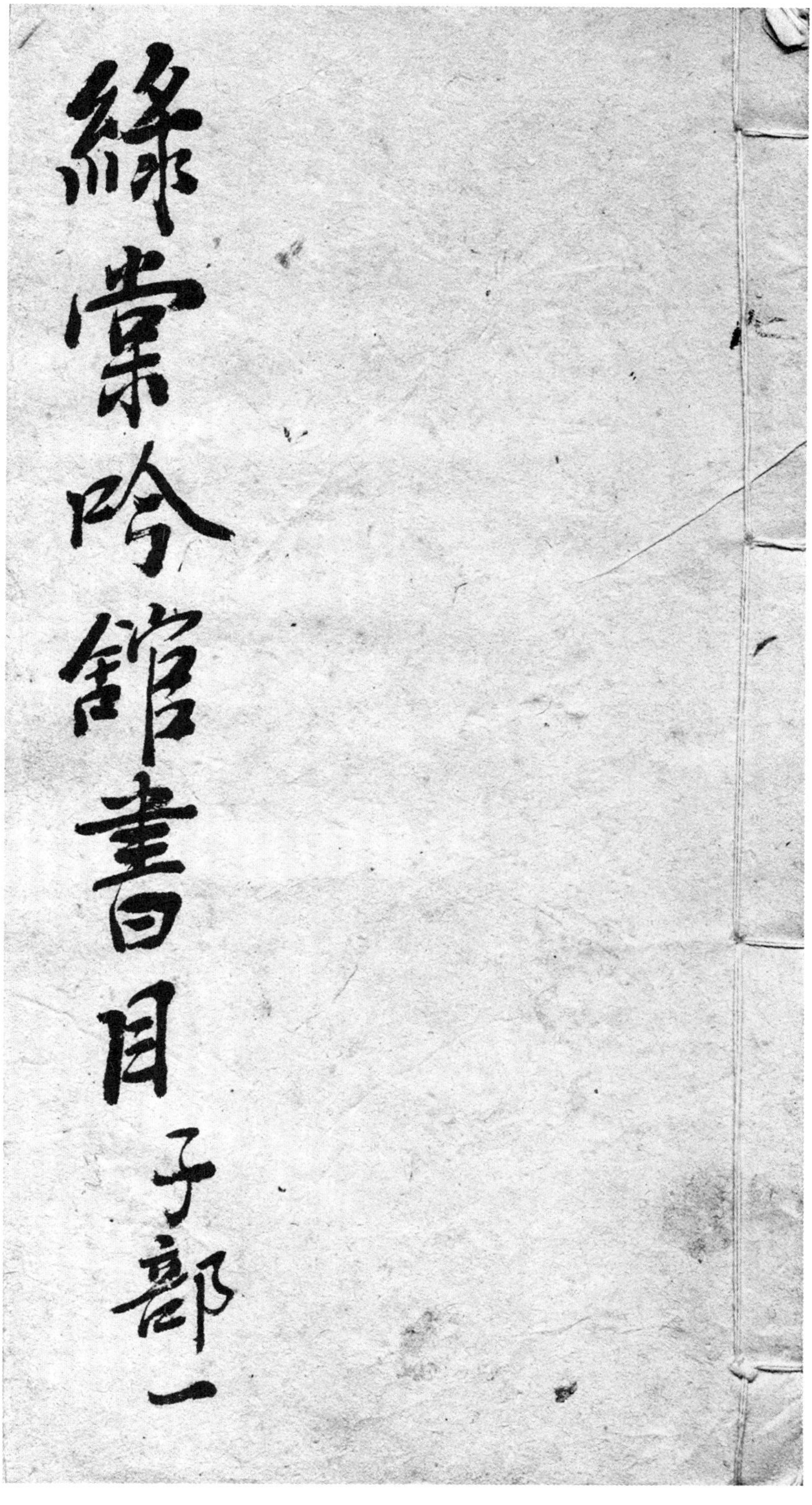
綠棠吟館書目
子部一

綠棠吟館書目

北平雒川居士輯著

子部

孔子家語十卷三本 魏王肅注 錢受益校刻 儒

家語疏證六卷四本 仁和孫志祖 儒

孔子集語十七卷十二本 平津館本 又三卷一本 宋薛據 儒

曾子注釋四卷一本 阮元注 曾子三種三本 渭南嚴氏刻 儒

孟子外書一本 晉綦毋邃注 儒

續孟子二卷 唐林慎思 儒

荀子廿卷注 六李 周荀況 唐楊倞

荀子補注一卷郝懿行 儒

荀子集解二十卷考證一卷長沙王先謙注 六李

孔叢子七卷孔鮒 一作二卷 明鍾惺評 儒

荀子性善證三卷 一 李榮成姜忠奎 鉛印 儒

孫子三卷魏武帝注 平津館校刊 兵

孫子十家注十三卷周孫武 一名孫子集注 明刊 兵

吴子一卷周吴起 兵

司馬法三卷 附逸文 齊司馬穰苴 兵

六韜六卷 周太公望

管子尹知章注二十四卷 齊管仲舊題唐房玄齡注

管子義証一卷 洪頤煊 法 花齋管子八李 法

管子纂詁二十四卷附補正 十二本 法

管子地員篇注四卷 四本 蕭山王紹蘭 法

弟子職集解一卷 即管子之一篇 莊述祖考證 句讀 黄彭年

弟子職正音一卷 王筠

慎子一卷附逸文 周慎到 法

商子五卷 秦商鞅 嚴可均輯 平津館本 法

鄧析子一卷 周鄧析 法

韓非子二十卷附識誤三卷 法 周韓非 吳鼒校刊

文明趙如源校刻本 法 韓非子集解 長沙王先謙注

素問王水注二十四卷 見醫家類

周髀算經二卷 見天文算法

尹文子一卷 道 附校勘記遺文 周尹文 按尹文子齊人著書五篇名 守山閣校刊

公孫龍子三卷 周公孫龍 名 道 雜

墨子十五卷目録一卷 周墨翟 畢沅校刊 墨

墨子閒詁十五卷附録目録各一卷後語二卷 孫詒讓

鬼谷子一卷 梁陶宏景注 縱横

尸子二卷 章宗源輯 雜

尸子三卷附録一卷 任兆麟輯 雜

鶡冠子 道 三卷楚人 陸佃注 雜

燕丹子 燕太子丹 三卷 章宗源輯 雜

呂氏春秋高誘注 雜 二十六卷 秦呂不韋 一名呂覽

洪士紙店

吕子校補二卷 梁玉繩 清白士集本 吕氏校補獻疑一卷 蔡雲自刻本

老子王弼注二卷 漢河上公章句 道

老子道德經考異上下卷 明焦竑 老子解四卷 宋蘇轍

老子元翼二卷 考異一卷 附錄一卷 五本 明焦竑

老子本義二卷 二本 魏源 漸西村舍刊

老解二卷 二本 郭子章輯 明鈔 又輯解二卷 二本

關尹子一卷 周尹喜 明吳勉學校刊 道

列子張湛注八卷 附殷敬順釋文 周列禦寇 汪繼培校 道

列子盧重元注八卷 秦恩復校刊 列子沖虛真經 二本

莊子郭象注附釋文 十卷 周莊周 道

莊子旁證五卷 天都吴承漸集注 莊子集解八卷 長沙王先謙

莊子雪三卷 信宜陸樹芝輯注 莊子通十卷 六本 明刻

莊子因六卷 四本 莊子獨見 四本

司馬彪莊子注一卷 補遺一卷 孫馮翼輯

文子二卷附校勘記 守山閣本 道

文子纘義十二卷 宋杜道堅

洪吉紙莊

計然萬物錄 一卷 周計然 計倪子 一卷 周計然

意林 五卷 唐馬總

玉函山房輯佚書子編 種 馬國翰 濟南刻本

諸子評議 三十五卷 俞氏叢書本 又補錄 二十一卷

仝上 曲園俞樾

諸子彙函 二十六卷 五十本 明歸有光輯

諸子品節 五十卷 十二本 明刊

百子全書 一百本 湖北官書局本

世德堂六子 二十四本 以上周秦諸子

鬻子一卷周鬻熊
於陵子一卷齊陳仲子
金樓子六卷梁湘東王繹
元真子三卷唐張志和 道
仲蒙子三卷唐林慎思 儒
廣成子宋蘇軾 道
淮南子二十一卷高誘注 雜兼道互見
懶真子五卷宋馬永卿 道

尉繚子周尉繚二卷 兵
子華子十卷晉程本 道
玉泉子一卷唐闕名
傅子一卷晉傅元 儒
乾𦠆子唐溫庭筠
抱朴子内外篇八卷晉葛洪 道兼雜互見
金華子二卷唐劉智遠
聱隅子一本二卷宋黃晞

子思子二本 定海黄以周輯解
空同子 一卷 明李夢陽
支子述餘 十卷 明刊
鶡林子 明趙釴
亢倉子 庚桑楚 周人
天庸子集 十本
寓庸子集 二卷 抱經堂藏明鈔本
寥寥子游 三卷 明屠隆

郁離子 明劉基 儒
海沂子 五卷 明王文祿
草木子 四卷 明葉子奇
海樵子 一卷 明王崇慶
道
素履子 三卷 唐張弧 儒
浮邱子 十二卷 益陽湯海
錢子測語 二卷 明錢琦
渾然子 一卷 張翀

薛子道論 儒 三卷 明薛瑄　桑子庸言 一卷 明桑悅

劉子 十卷 一作二卷 晉劉書 雜　无能子 三卷 唐失名 道

胡子知言 儒 大卷 宋胡宏　叔苴子 二本 八卷 明莊元臣

至游子 二卷 名失名　金樓子 梁元帝 知不足齋本 六卷

譚子化書 六卷 雜兼道 南唐譚峭　孔叢子正義 五卷 一本 丹陽姜兆錫

鹿門子

北溪子義 二卷 龍溪安卿　任子遺書 一卷 一本 任孔昭集

倉崖子內篇 明鍾陵朱健　胡子衡齊 八卷 三本 泰和胡直

授三子元女經一卷平津館本胎息經

玄女胎息等十一種一李汲古閣刊

王文祿

山海經箋疏十八卷明楊慎圖贊訂偽一卷郝懿行

十洲記一卷漢東方朔　素書一卷李舊題黃石公

諸子詹詹錄二卷西泠表樹　以上歷代諸子

儒家類

新語一卷漢陸賈

新書十卷漢賈誼

鹽鐵論十卷 考證三卷 漢桓寬

揚子法言十三卷 音義一卷 一本 漢揚雄撰 李軌注

法言五臣注十卷 李軌 柳宗元 宋咸 吳祕 司馬光 世德堂本

方言十三卷 漢揚雄 又方言注

忠經一卷 漢馬融

論衡三十卷 大本 漢王充

論衡舉正四卷 二本 鹽城孫人和 鉛印

潛夫論箋十卷 漢王符 汪繼培箋

洪吉紙莊

新論一卷 漢桓譚

申鑒五卷 漢荀悅 漢魏叢書本

典論一卷 魏文帝

中論二卷 魏徐幹

人物志三卷 魏劉邵

物理論一卷 晉楊泉

中說十卷 隋王通 宋阮逸注 世德堂校刊

文中子十卷 一李明吳勉學校刊

續孟子二卷 唐林慎思 知不足齋本

公是先生弟子記一卷 宋劉敞 知不足齋本

明夷待訪録二卷 餘姚黄宗羲

潛書四卷 蘷州唐甄 王聞遠刻本

法書十卷 樵萃 刻本

羣書治要五十卷 唐魏徵

古格言十二卷 梁章鉅

周子通書注 宋周敦頤 李光地注

以上儒家 議論經濟之屬

二程全書　宋程

二程遺書　二十五卷附錄一卷十二本　天蓋樓刊

二程粹言　二卷二本　宋楊時編

張子全書　十五卷　宋張載橫渠

張子正蒙　二卷二本　宋張載

朱子全書　六十六卷　宋朱熹　康熙間敕編殿本

朱子語類　一百四十卷　宋黎靖德編　明刊又八卷通

行本

朱子大全　一百零四卷四十八本　祠堂本

朱子家禮六卷六本 紫陽書院本

讀朱日記四卷二本 當塗陸隴其

朱子異同條辨校 卷四十本 李岱雲 近譬堂藏

朱子講學輯要編 十卷六本 新繁龍炳垣輯

象山語錄四卷 宋陸九淵

黃氏日鈔九十五卷 宋黃震 通行本 三十本

大學衍義四十三卷 八本 宋真德秀 通行本 明楊鶚重刊

大學衍義補本 一百六十卷 二十四本 明邱濬 通行

讀書錄十卷續錄十二卷明薛瑄

傳習錄三卷明王守仁　畜德錄二十卷自周秦迄明古人嘉言懿行皆載之掃葉山房

呻吟語選二卷明呂坤又節錄通行本

子劉子學言三卷明劉宗周

三魚堂賸言十二卷陸隴其

陸清獻公日記十卷陸隴其

五種遺規陳宏謀　養正遺規　教女遺規　訓俗遺規　從政遺規　學仕遺規　通行本

女教經通纂一卷任啟運

婦學一卷 章學誠　閨範圖說四卷 明呂坤

小學集注六卷 朱子 通行本

以上儒家類理學之屬專書

性理精義十二卷 李光地等 康熙間勅編通行本

理學宗傳二十六卷十二本 程朱之學通行本 孫奇逢 此書爲陸王兼

性理集解 四卷 四本 張伯行解

性理綜要二十二卷十二本 一作彙要 詹淮纂 韓陳仁錫訂

性理大全 四套七十卷十二本 明永樂間刊　性理啓蒙 一套

性理體注 一套　性理總要 四套

近思錄集注十四卷二本 宋朱子呂祖謙同撰 江永注

宋儒學案 卷 萬宗羲原本全祖望修 萬為陸王之學全為程朱之學

宋元學案一百卷 全祖望重訂

明儒學案六十二卷二十四本 萬宗羲 此書為陸王之學

國朝學案小識 卷 唐鑑 此為程朱之學

東苑學案 吳鼎 此書攻陳建書申陸王之學

正誼堂全書四百七十八卷六十三種 張伯行 此書為程朱之學

近思錄集注十四卷 考訂朱子世家一卷 婺源江永 集注見前

學部通辨十二卷四本明陳建撰此書辨陸王之学

以上儒家類理學之屬彙集書

獨斷二卷漢蔡邕

風俗通義十卷漢應劭

補風俗通姓氏篇一卷張澍

古今注三卷晉崔豹附中華古今注三卷五代馬縞

封氏聞見記十卷唐封演

刊誤二卷唐李涪

蘇氏演義二卷唐蘇鶚

資暇集三卷唐李匡文

兼明書五卷五代邱光庭

宋景文筆記三卷宋宋祁

夢溪筆談二十六卷補二卷續一卷宋沈括

靖康緗素雜記十卷宋黃朝英

能改齋漫錄十八卷宋吳曾

西溪叢語三卷宋姚寬

學林十卷宋王觀國　心經四卷宋真德秀

容齋隨筆十六卷三筆十六卷四筆十六卷五筆十
卷續筆十六卷宋洪邁通行本
雲谷雜記四卷宋張淏
示兒編二十三卷宋孫奕
考古編十卷宋程大昌
演繁露十六卷續六卷宋程大昌
緯略十二卷宋高似孫
野客叢書三十卷附野老紀聞一卷宋王楙
考古質疑六卷宋葉大慶自六經諸史下頗有考據
慵園李

考古類編十二卷　四本　仁和柴紹炳　華亭姚廷謙

習學記言詳　五十卷　宋葉適

老學菴筆記　十卷　續二卷　宋陸游

賓退錄　十卷　宋趙與旹

坦齋通編　一卷　宋邢凱

翁注困學紀聞　二十卷　宋王應麟　餘姚翁元圻注

困學紀七箋附集證本　二十卷　閻若璩等序箋　通行

敬齋古今黈　八卷　元李治

譚苑醍醐 九卷 明楊慎

丹鉛總錄 二十七卷 十本 明楊慎

筆乘 六卷 明焦竑

井觀瑣言 三卷 明鄭瑗

少室山房筆叢 正集二十二卷 續集十六卷 明胡應麟

通雅 五十二卷 明方以智

巵林 十卷 明周嬰 補遺 一卷 湖海樓本

日知錄集釋 三十二卷 顧炎武

日知錄之餘 四卷 二 李崑 金天羽 鉛印

菽園雜記 十五卷 明陸容

蒿菴閒話 二卷 張爾岐

潛邱劄記 六卷 閻若璩 百詩

義府 二卷 黃生 學統 五十六卷 孝昌熊錫履

白田雜著 八卷 王懋竑

松崖筆記 二卷 惠棟

樵香小記 二卷 何琇 守山閣本

掌録二卷陳祖范家刻本

管城碩記三十卷徐文靖

大儒學粹九卷明魏時亮編明刊

韓門綴學五卷續編一卷汪師韓

經史問答十卷全祖望

南江札記四卷邵晉涵刻本

鍾山札記四卷龍城札記四卷盧文弨抱經堂本

蛾術編一百卷王鳴盛一作八十二卷

十駕齋養新錄二十卷餘錄三卷 錢大昕
程氏考古編十卷 宋程大昌
考古錄四卷 鍾襄 阮刻本
佩韋齋輯聞四卷 宋俞德鄰 舊鈔本
惜抱軒筆記八卷 姚鼐
札樸十卷 桂馥 原刻本
炳燭編四卷 李賡芸
漑亭述古錄二卷

癸巳類稿十五卷　俞正燮

癸巳存稿十五卷　俞正燮

合肥學舍札記八卷　陸繼輅

瞥記七卷　梁玉繩　庭立紀聞四卷　玉繩子學昌輯

黃嬭餘話二卷　吳興陳錫璐　嘯園本

筠軒讀書叢錄二十四卷　台州札記十二卷　洪頤煊

落帆樓初稿四卷　沈垚

經傳考證八卷　朱彬　學海堂本

拜經日記　十二卷　臧庸自刻本

秋槎札記　卷　劉履恂

研六室雜著　卷　胡培翬

吾亦廬稿　卷　崔應榴

寶甓齋札記　卷　趙坦

書林揚觶　二卷　方東樹

古書疑義舉例　七卷　俞氏叢書本　此書甚有益於學者

四庫全書考證　一百卷

伊洛淵源續錄二十卷 儀封張伯行

義門讀書記五十八卷 何焯 通行本

援春堂隨筆四十卷 姚範 家刻本

洛學編六卷二本 睢州湯斌

餘冬錄六十一卷十二本 明何孟春

斠補隅錄 本 二十四種 蔣光煦 別下齋刻涉聞梓舊

竹汀日記鈔 三卷 錢大昕

拜經樓藏書題跋記 六卷 吳壽暘 別下齋本

經籍跋文一卷 陳鱣

曝書雜記三卷 錢泰吉

甕牖閒評八卷 宋袁文

陔餘叢考四十三卷 趙翼原刻李

恒言錄六卷 錢大昕 邇言 二本錢大昕選俗諸見於正書者 嘯園李

通俗編三十八卷 翟灝 指海李

以上儒家類考訂之屬

人譜類記二卷 四李 明劉宗周

人生必讀書十二卷 六李 瀔水康彪

兵家類

握奇經一卷 風后　六韜三卷 太公望 互見

心書一卷 漢諸葛亮　火龍經四卷　百戰經二卷 四本

歷代兵制八卷 宋陳傅良 守山閣本

虎鈐經二十卷 三本 宋許洞 明刊 又粵雅堂本

草廬經略十二卷 六本 明失名 粵雅堂本 又申報館鉛印

兵鏡備考十卷 附孫子集注 濠梁鄧廷羅

練兵實紀九卷 雜集六卷 明戚繼光 守山閣本

共古[illegible]

紀效新書十八卷　四本　明戚繼光　學津本

救命書二卷　明呂坤　借月山房本

諸史將略十六卷　明劉熾

曾胡治兵語錄　一本　商務印書館

兵錄十四卷　十四本　明何汝賓　吳縣人

武經七書七卷

汪氏兵書三種　汪宗沂輯　太公兵法逸文一卷　武侯八陣兵法輯要一卷　李衛公兵法三卷考正一卷

戊笈談兵七卷　汪紱　一十卷　十二本　附編四卷　婺源汪紱

洴澼百金方十四卷　吳官桂　通行本

治平勝算全書二十卷　二十本　雙峯年羹堯

六壬軍帳神機稿本 鐵保舊藏兵鏡類編四十卷本 三吾

法家類

折獄龜鑑八卷宋鄭克 金壺本

折獄龜鑑補六卷六本蕭山胡文炳

棠陰比事二本宋桂萬榮

唐律疏議三十卷唐長孫無忌附洗冤集錄五卷宋宋慈 岱南閣本

唐明律三十卷八本長安薛允升

佐治藥言一卷續一卷汪輝祖 知不足齋本

洪吉氏

學治臆說二卷 汪輝祖 二書有合刻者通行本

洗冤錄 汪龍莊遺書六本 洗冤錄詳解 四卷 四本 海寧許連校

洗冤錄集證 五卷 六本 山陰李觀瀾纂 會稽阮其新補注

沈寄簃先生遺書甲編 二十四本 歸安沈家本

龍筋鳳髓判 四卷 唐張鷟撰 明劉允鵬注 二本

樊山判牘 十四卷 附一卷 四本 恩施樊增祥

入幕須知五種 六本 庸吏庸言 讀律心得 合刻 三本

堂諭類稿 二本 鉛印 資治新書 二十本 李漁輯

農家類

齊民要術 十卷 四本 魏賈思勰 學津本

齊民四術 十卷 八本 安氏刊

耒耜經 一卷 唐陸龜蒙 學津本

農書 三卷 宋陳旉 附蠶書 本 一卷 宋秦湛 知不足齋

農書 聚珍本 三十六卷 一作二十六卷 元王楨 明刻 又

農政全書 通行本 六十卷 二十四本 明徐光啓 初印本 又

農桑輯要 七卷 八本 元至元十年官撰 通行本

共古氏書

農桑輯編　八本　　農說　一卷　明馬一龍

農桑衣食撮要　二卷　一本　半畝園刊

農桑易知錄　三卷　鄭之任　乾隆間刊

蠶桑萃編　十五卷　八本　有圖

耕織圖　二本　野石齋石印

潞水客談　一卷　明徐楨明　奧雅堂本　又單行

橡繭圖說　二卷本　劉祖震　道光間刊

樗繭譜　一卷　鄭珍　道光間刊

木棉譜 一卷 褚華 珠塵本

竹譜 一卷 晉戴凱之

花鏡 六卷 六本 陳淏

二如亭群芳譜 二十八本 王象晉

廣群芳譜 一百卷 三十二本 康熙間汪灝等奉勅編 殿本

月季花譜 一本 鶴湖松下花農 陳氏雁雲軒抄本

植物名實圖 八套

邇風廬葉 三卷 三本 茂陵楊山

洪吉紙莊

授時通考七十八卷乾隆二年敕撰本殿本

月令粹編八本秦嘉謨月令輯要二十四卷十二本吳廷楨殿本

蔡氏月令四種四本

康濟錄六卷倪國璉通行本

荒政叢書十卷俞森金壺本

荒政輯要汪志伊嘉慶間刊

救荒活民書三卷拾遺一卷二本

月令廣義二十四卷附錄一卷十二本明馮應京刊

救荒本草 二卷 明周定王朱橚

荒政全書 八本 掃葉山房

伐蛟說 一卷 陳宏謀

捕蝗要訣 一本 滇南錢炘 掃葉山房

致富奇書 一函十卷八本

荀譜 一卷 釋贊寧 宋人

蘭譜 一卷 晉戴凱之

茶經 三卷 唐陸羽

續茶經 四卷 陸廷燦

茶錄 二卷 宋蔡襄

煎茶水記 一卷 唐張又新

北山酒經 三卷 宋朱翼中

酒史 二卷 明馮時化 寶顏堂秘笈本

酒譜 一卷 宋竇苹

糖霜譜 一卷 宋王灼

種樹書 一卷 附蠶桑說 一卷 一本 元俞宗本 浙西村舍刊

天文算法類

戴校算經十書 三十七卷 戴震校

九章算術細草圖説 九卷 李潢

海島算經細草圖説 一卷 李潢

緝古算經考注 二卷 李潢

測圓海鏡細草 十二卷 元李冶 李銳校

弧矢算術細草 一卷 明顧應祥

益古演段 元李冶 李銳校

透簾細草 一卷 失名

續古摘奇算法 一卷 宋楊輝

丁巨算法 一卷 元丁巨 以上六種皆知不足齋本

數書九章 十八卷 宋秦九韶 附札記 宋景昌

楊輝算法六種 七卷 宋楊輝 宋景昌校

算學啓蒙 三卷 元朱世傑

四元玉鑑細草 二十四卷 元朱世傑

緝古算經細草 三卷 張敦仁

求一算術三卷合上

校緝古算經一卷圖解一卷細草一卷音義一卷 陳杰成都龍氏刊

開方補記六卷張敦仁

割圜密率捷法四卷明安圖

三統術衍三卷錢大昕

少廣正負術內外篇六卷孔廣森

開方釋例四卷駱騰鳳

弧矢算術細草圖解一卷馮桂芬原刊本

句股六術 一卷 項名達 上海局本

筆算便覽 一卷 紀大奎

增删算法統宗 十一卷 梅穀成

九數通考 十三卷 屈曾發

求一術通解 二卷 今人 長沙荷池精舍刊

百雞術衍 二卷 仝上

算法圓理括囊 一卷 仝上 以上中法

新法算書 一百零三卷 明徐光啓等 明刻本 原名崇禎曆書

天學初函器編三十卷明徐光啓等明刊

測量異同一卷明徐光啓

測量刀圭三卷年希堯自刻本

視學二卷年希堯自刻本

比例會通四卷羅士琳刻本

新譯幾何原本十三卷續補二卷李善蘭譯上海刻本

代數術二十五卷卷首釋號一卷今人譯上海刻本

代微積拾級 卷李善蘭譯上海刻本

曲綫說　一卷　李善蘭譯
數學啟蒙　一卷　西洋人偉烈亞力　上海活字本
經天該　一卷　明利瑪竇　珠塵本　在高厚蒙求內
中星表　一卷　明徐朝俊　仝上
對數詳解　五卷　今人長沙荷池精舍刻本
割圜綴術　四卷　徐有壬　仝上
圜率考真圖解　一卷　今人　仝上
數學拾遺　一卷　今人　仝上　以上西法

御製數理精蘊上編五卷下編四十卷表八卷康熙十三年殿本

御製歷象考成上編十六卷下編十卷康熙十三年殿本後編十卷表十六卷乾隆二年殿本

御定儀象考成三十二卷乾隆九年殿本

曉菴新法六卷王錫闡守山閣本

五星行度解一卷仝上

天步真原一卷薛鳳祚仝上

勿菴歷算全書七十四卷梅文鼎

勿菴歷算書目一卷梅文鼎

中西經星同異考一卷 梅文鼎
江慎修數學八卷續一卷 江永
推步法解五卷 江永
李氏遺書十七卷 李銳
董方立遺書算術七卷 董佑誠家刻本
里堂學算記十六卷 焦循
宣西通三卷 許桂林刻本
算牖四卷 仝上

翠微山房數學 三十八卷 張作楠原刻本
數學五書、 卷 安清翹刻本
衡齋算學七卷 汪萊 嘉慶間刊
粟布演草 二卷 補一卷 今人長沙荷池精舍刊
六九軒算書 卷 劉衡家刻本
觀我生室彙稾 二十四卷 羅士琳 阮刻本
夏氏算書遺稾四種 夏鸞翔
務民義齋算學七種 徐有壬

鄒徵君遺書八種 鄒伯奇廣州家刻本

吳氏丁氏書十七種 今人吳氏丁氏同撰同治間刊

綴術釋明二卷 綴術釋戴一卷 今人

則古昔齋算學二十四卷 李善蘭江寧刻本以上兼用中西法

疇人傳四十六卷 阮元刊

續疇人傳六卷 羅士琳 此二書有阮羅合刻者專載算學諸名家列傳

疇人傳三編七卷 二本 杭州諸可寶 舊鈔稿本

藝術類

琴史 六卷 宋朱長文 曹寅刻楝亭十二種本

琴學入門 二卷 四本

琴譜大全 四本 李蓼懷堂刻

五知齋琴譜 八卷 八本

枯本琴譜 八卷 八本 雲閒上人

松風閣琴譜 二卷 附抒懷操 一卷

德音堂琴譜 四卷 六本 祝鳳喈撰

自遠堂琴譜 十二卷 八本 吳灴撰

寄青霞館弈選 八卷 續八卷 十六本 南豐譚其文 無錫徐文淵校

坐隱齋先生自訂棋譜全集 二本

兼山堂弈譜 一卷 一本 徐星友撰

弈萃 一卷 一本 卞文恒撰

周嬾予園棋譜 一本 同治刷刊

四子譜 二卷 四本 錫山過文年撰

官子譜 一卷 一本 又官子譜 三卷 三本 陶存齋撰

滄菊齋棋評 一本 江都周鼎

聽秋軒奕譜 一卷 一本

待月栘弈存 一卷 一本 周小松撰

桃花泉棋譜 二卷 二本 范西屏撰 名士勳

圍棋近譜 一卷 一本 奕海輯 二本 董耀榮雲父

潘景齋弈譜約選 一卷 一本

受子譜 二卷 二本 李汝珍輯 以上圍棋譜

適情雅趣 一套 象棋 百局棋譜 四本 象棋

韜略元機 一套 象棋 橘中秘 四卷 四本 東海朱晉楨象棋譜

弈理指歸圖 三卷 一本 海寧施定菴撰 錢長澤輯

書法正傳 十卷 二本 虞山馮武又 江南蔣和識

清書人輯畧 十一卷首一卷 長白震鈞在廷撰 光緒附刊

漢溪書法通解 八卷 四本 漢溪戈守智

草字彙集 十二卷 六本 石梁 百韻草字歌

隸字彙集 十卷 竪菴石梁 掃葉山房 隸法彙纂 四本 仝上

篆字彙 卷 海鹽畢既明 篆訂 仝山

西軒篆要 二本 東臺馮印錫 嘉慶間刊

楷法溯源十四卷目一卷十五本 文昌潘存孺 楊守敬編

法書要錄十卷 唐張彥遠

墨池編廿卷 宋朱文

書史會要十卷 明陶宗儀 續編一卷 明朱謀垔

書譜一卷 唐孫虔禮 續書譜一卷 宋姜夔

書品一卷 梁庾肩吾 百川學海本

書史二卷 宋米芾 說郛本

書法正宗 四體書法

藝舟雙楫 九卷 包世臣 廣藝舟雙楫 二本

百韻草字歌 一本

書法入門 二本 寫刻本

鄧石如篆文 一本

篆刻針度 四卷 二本 海寧陳克恕 巾箱本

篆字彙 十二卷 十二本 佟世南輯

王氏墨藪 四本

方氏墨譜 四本 六卷 明方于魯刊

圖繪寶鑑 八卷 元夏文彥 由上古至元

歷代名畫記 十卷 四本 唐張彥遠

名畫評存 一卷 一本 宋劉道醇

圖畫見聞志 六卷 二本 宋郭若虛 唐會昌至宋熙寧

畫苑菁華 二十卷 八本 宋陳思

清河書畫舫 十二卷 十二本 張丑

佩文齋書畫譜 一百卷 六十四本 殿本 康熙刊

歷代題畫詩類 一百二十卷 四十八本 殿本

庚子銷夏記八卷附閒者軒帖考 四本 北平孫承澤撰 退谷

江村銷夏錄三卷 余秋室過刻本 三本 高士奇

畫禪室隨筆四卷 四本 董其昌 華亭人

寶繪錄二十卷 八本 張泰階 知不足齋刊

國朝畫徵錄十卷 嘉興張庚

畫繼十卷 宋鄧椿 宋熙寧至乾道

讀畫錄四卷 周亮工 自刻本

南薰殿圖像考一卷 胡敬

賞奇軒四種　四本

墨林今話　十八卷　六本　蔣寶齡

貞觀公私畫史　一卷　唐裴孝源

東觀餘論　三卷　宋黃伯思

書影　五卷　四本　櫟下老人

歷代畫史彙傳　七十二卷附錄二卷　廿二本　長洲彭蘊璨

宋元以來畫人姓氏錄　二十本　魯駿

墨香居畫識

桐陰論畫二卷畫訣一卷四本梁溪秦祖永
鐵網珊瑚二十卷十本吳郡都穆
鐵網珊瑚書品十卷畫品六卷十六本明鈔本
珊瑚木難八卷四本明朱存禮
辛丑消夏記五卷五本南海吳榮光
古緣萃錄十八卷六本虞山邵松年
吳越所見書畫錄六卷六本婁東陸時化 鈐印
別下齋書畫錄七卷四本海寧蔣光煦

重

國朝畫識

紅豆樹館書畫記　八卷　六本

書影　五卷　四本　櫟下老人

虛齋名畫錄　十六卷　六本　烏程龐元濟

又續錄　四卷　同上

墨緣彙觀　四卷　六本　周儀　鉛印

書畫大觀　二十卷　二十三本　怡寄軒聚珍本

式古堂書畫彙考　六十卷　十四本

遲鴻軒所見書畫錄 四卷 四本 歸安楊峴 活字本

十竹齋畫譜 八本

書畫鑑影 二十四卷 八本 利豐李佐賢

嶽雲樓書畫錄 五本 五卷 南海孔廣陶 掃葉山房寫刻

芥子園畫譜初二三集 十六本 湖上李漁

芥子園 四集今上

雲烟過眼錄 二本 宋周密

甌缽羅室書畫過目考 四卷 附錄一卷 四本 古潞李玉芬

法帖譜系二卷 宋曹士冕

閣帖釋文考正十二卷 王澍原刻本

法帖題跋三卷 姚鼐

鳳野法帖釋文八卷二本 恩進齋刊

惇化閣法帖考證十二卷十二本 琅琊王澍詩鼎齋

南村帖考四本 嘉善陳文槃

臨江帖三卷目一卷四本

秦漢魏隋名拓十七種

淳化閣帖釋文 十卷 三本

三希堂法帖釋文 四本 石印

絳帖平 六卷 二本 宋姜夔

古今碑帖考 一本 朱長文

廣川書跋 十卷 宋董逌

虛舟題跋 十卷 補原 三卷 王澍

學古編 一卷 元吾邱衍

續三十五舉 一卷 桂馥 借月山房本

漢印偶存 二本 照進齋刊

選集漢印分韻 四卷四本 謝雲生 嘉慶年刊

紫藤花館印選 四本 蘇氏印略 四本 蘇宣篆 大鄭嘯民

漢印分韻 四本 方小東印譜 一本

古今印則 四本 彥明摹選 梁谿程遠

歷代古印大觀 八本 印社 西泠

賴古堂印譜 四卷 四本 周亮工

秦漢印統 八卷 八本 明羅王常

齊魯古印攈 四卷附續 五本 高慶齡 光緒間刊

印可 一卷續 一卷 三本 明新都吴正暘

兩罍軒印考漫存 四本 印人傳 四本 周亮工

集古印譜 四本 王先謙 又明刻 紅印

集古印存 二十四本 汪啓淑篆 巾箱本 集古印藪 四卷四本 太原王常編

集古印范 十卷 十本 明 潘雲杰

二百蘭亭印譜 十二卷 六本 歸安吴雲鑒藏

二百蘭亭古印攷藏 六卷 二本 缺上

印人傳 三卷周亮工自刻本

樂府雜錄 一卷唐段安節 續百川本

文房四攷 八卷六本練水唐秉鈞初印有圖

篆刻鍼度 二本八卷海寧陳目耕述 嘯園本

鄭菴所藏封泥 一卷一本潘文勤舊藏 石印

齊魯封泥輯存 一卷一本羅振玉王國維同輯

洪吉紙店

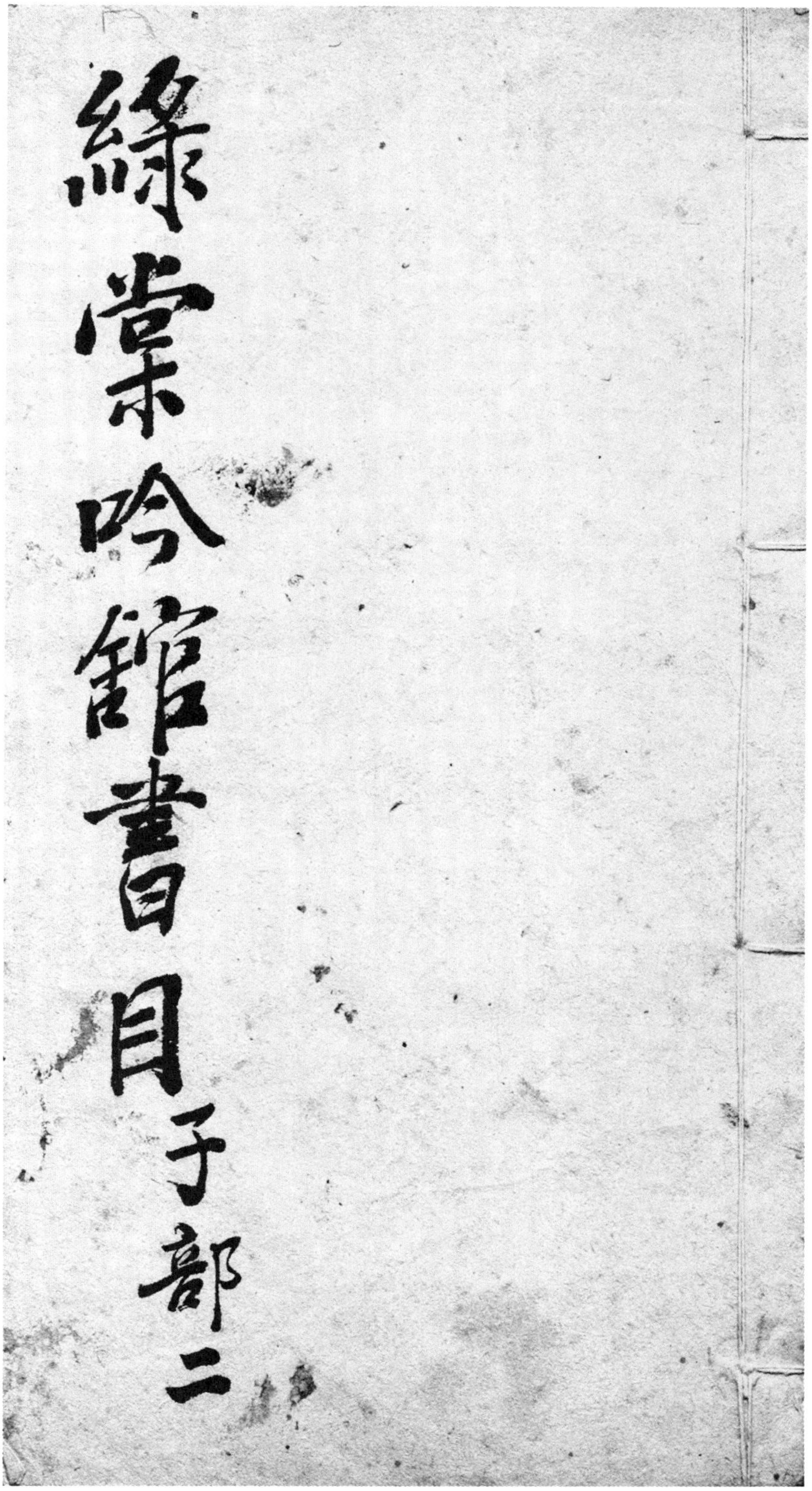
綠棠吟館書目 子部二

綠棠吟館書目

北平稚川居士輯等

子部

醫家類

黃帝內經二十四卷八本唐王冰注明刻宋高保衡等校本吳鶴皋

黃帝內經二十四卷附遺論一卷靈樞十卷十本初印

內經知要二卷二本明李念莪輯注 薛雪補注

素問釋義十卷一本陽湖張琦 道光間刊

素問直解 九卷 八本 高世栻 錢塘人

素問病機 二卷 二本 將江張三錫纂 明大字本

素問集注 九卷 六本 錢塘張志聰注 康熙間刊

汪注素問 四本 汪紉菴

素問靈樞 十九卷 二十四本 馬元台注 天保堂刊

又張隱菴 四川刊 一名張馬合註

靈樞集注 八本 張志聰 浙江圖書館

内經翼注 十二卷 圖翼 二卷 十二本 遂昌 周長有

素靈類纂約注 三本 汪昂撰

素問玄機病式 三卷 一本 劉守真

素問玄珠密語 十七卷 四本 舊鈔本

靈樞經 十二卷 晉人通行本

張馬靈素合註 十二本 張隱菴 馬元台 合注

靈樞素問合參 三本 掃葉山房

難經集注 五卷 周秦越人著 明王九思注

圖註難經 四卷 四本 明張世賢注

古本難經闡注 二卷 二本 丁錦注

脈經十卷四本晉王叔和　借月山房本　一名王叔和脈訣

李瀕湖脈學　二本明李時珍

王李合刻之本掃葉山房脈訣刊誤二卷二本

奇經八脈考二本李時珍醫學脈燈燈一卷一本常朝

脈學輯要三卷一本脈學四種四本周澂之刊

脈因證治　四診訣微四本廣益局

神農本草經三卷一本孫馮翼校刊

神農本草經贊孫子雲四本又神農本草經註論鉛印一本

本草三家注六卷三本

本草經疏三十卷二十四本　明繆希雍

本草鉤玄二十四卷　武進楊時泰

本草述三十二卷十六本　潛江劉若金原印

本草經解要四卷二本　葉天士

本草備要八卷四本　休寧汪昂

本草從新六卷六本

本草方釋義十卷六本　長洲葉香巖

本草便讀四卷四本

洪吉紙店

本草原始 四本 掃葉山房

本草求真 九卷附脈理求真一卷 六本

本草分經審治 一本

大觀本草 十本

本草蒙筌 十二卷 四本

本草詩箋 四本 朱鑰

本草衍義 二十卷 三本 宋寇宗奭

醫方本草合編 六本 掃葉山房

本草綱目 五十二卷 四十本 明李時珍

本草綱目拾遺 十卷 八本 錢塘趙學敏

食物本草 四本 雷公藥性 六卷 一本

藥性賦解 金李杲撰 二本 商務印書館

湯頭歌訣 二本 附經絡歌訣 汪昂撰 商務印書館

金匱要略 三卷 漢張機

金匱要略直解 一本

金匱啓鑰 二十四本 滬江黃鄭坊

洪吉紙店

金匱要略述義 三卷 二本

金匱要略心典 三卷 一本 尤在涇

金匱要略注 二十四卷 六本 樓李徐彬忠可注

金匱二注 二十二卷 六本 掃葉山房

金匱翼 八卷 八本 尤在涇

傷寒論 十卷 八本 漢張機撰 明吳勉學刻

成無己傷寒論 十卷 明理論 四卷 六本

傷寒卒病論 十九卷 張仲景

傷寒論翼 四卷 余注慈谿柯韻伯

傷寒古方通 六卷 古吳葉天士

傷寒全生集 四卷 陶節菴

傷寒論條辨 八卷 新安方有執 附本草鈔

傷寒補天石 二卷 吳中戈維城

傷寒論補正 七卷 天彭唐容川

傷寒論貫珠集 八卷 尢在涇

傷寒大白 四卷 海上味蘭書屋刻

洪吉氏[illegible]

傷寒淺注 六卷 陳修元

傷寒論集注 十卷 外編四卷 東吳徐五成

傷寒類方 四卷 徐靈胎

寒溫病條辨 七卷 二本 傷寒來蘇集

寒溫明辨 四卷 一本 戴麟郊撰

溫病條辨 六卷 四本 吳塘鞠通 溫病銓真 一本

溫疫條辨摘要 一本 呂田 浙江圖書館本

吳又可溫疫論 二卷 二本 明吳有性

瘟疫全書　時病論　六卷四本　三衢雷豐

溫熱經緯　五卷四本　海寧王士雄　擇葉山房

溫熱暑疫全書　四卷　吳門周揚俊　原印

溫病湯頭歌　一本　瘟疫明辨　四卷一本　李光明刊

溫疫論類編　五卷　二本　廣溫疫論　四卷　二本

疫疹一得　二本　疫疹草　三卷　一本

瘟疫斑疹辨疑　一本　疫症集說　四卷　一本　余伯陶

疹症集解　六卷　四本　痧症玉衡　二本　郭志邃　檇李人

洪吉紙莊

隨息居霍亂論 四卷

霍亂燃犀說 二卷 一本 江左許起述

痧症指微 一本

痧疹輯要 四卷 二本 葉子譜述

痢症彙參 十卷 二本 吳道元

喉科紫珍集

喉科重樓玉鑰

治喉捷要 一本 張紹修

濟陰綱目十四卷八本　關中武之望撰　張隱菴訂

女科經論八卷四本　檇李蕭賡六

女科輯要一卷二本　沈堯峯輯

女科要旨四卷二本　陳修園

傅氏女科二卷附產後編一卷二本　傅青主

竹林寺女科一本　九十一證七十七方　葉天士

萬氏婦科一本

婦科一百十七症發明　一本

女科指南四卷一本古香閣排印
婦人良方二十四卷十二本明臨川陳自明刊
產寶三卷續一卷一本唐昝殷產孕集二卷一本陽湖張耀孫
胎產新書三卷一本胎產金針三卷續要一卷一本
胎產心法三卷四本汝陰李廷璋胎產秘書三卷二本
產育寶慶集二卷二本宋郭稽中子玄子產論一本
大生要旨五卷二本上海唐千頃達生編一本
婦科綱目良方二十四卷十本薛立齋

兒科全生集二卷三本天台曹光熙

幼幼集成六卷三本陳復正飛霞羅浮人

幼科指南四卷四本

幼科鐵鏡六卷一本華西草堂本

顱顖經二卷一本宋人失名

幼科三種六本掃葉山房

小兒諸熱辨二卷二本古歙許豫和

驚風辨證必讀書一本汗川劉劍之

兒科

共吉紙莊

保嬰易知錄 三卷 一本
嬰童百問
保赤存真
錢氏小兒藥證直訣 三卷 宋錢乙 盧益局本
保赤彙編 四本 錫麟寶訓 達生編 二卷 產寶 一
卷 福幼編 一卷 保嬰易知 二卷 藥
證直訣 三卷 童蒙訓 三卷
痘疹金竟錄真本 二卷 痘疹圖 一卷 四本 翁仲仁纂
熙閒原板
痘疹金竟錄 四卷 二本 丁春陽手批

痘學真傳八卷四本葉天士

痘疹集成四卷二本　痘疹正宗二本

痘門方旨八卷四本清江聶尚恒

痘疹傳心錄五本朱惠明　痘疹新法盧益局

引痘略一本即種牛痘法

幼科推拿秘書一本歷陽駱如龍撰

婦嬰至寶八卷一本

慈幼新書十二卷四本會稽張介賓撰

共十三張三

痘疹定論 四卷 新建朱玉堂

治痘全書 十八卷 明朱一麟 道光間朱氏刻

外科金鑑 四本千頃堂本 十六卷

外科醫案 四本 仝上

王洪緒外科

石室秘錄 四本

瘍科秘訣

瘍科選粹 八本 掃葉山房

徐批外科正宗 十二卷 六本 陳實功 別下齋校刊

瘍科心得集 三卷 方彙 三卷 四本 錫山高秉鈞

外科證治全書 六卷 五本 環峰許克昌

外科證治全生 二本 洞庭王洪緒 又馬培之

瘍科捷要 四本

外科圖說 六卷 六本 華亭高梅溪 掃葉山房

外臺秘要 唐王燾 四十卷 四本 圖書集成鉛印

瘍醫大全 四十卷 六本 仝上

外科大成 四本 四卷 祁坤 掃葉山房

外科秘錄 四本

外科活人

賔太史外科 六本

馬培之外科

外科真詮 四本

治疔彙要 二本

疔瘡要訣 二本 千頃堂本

刺疔捷法 一本 掃葉山房

異授眼科 一本 劉海翁

眼科百問 二卷 一本 王子固纂

銀海指南 四卷 一本

一草亭眼科全集 四卷 附應驗方 一卷 四本 巾箱本

眼科大全 六卷 六本 傅仁宇 掃葉山房

眼科秘旨 一本 紅杏山房梓

一草亭眼科全集 四卷 四本

東垣珍珠囊 二本 明抄本

洪吉紙莊

針灸甲乙經 十二卷 四本 晉皇甫謐撰 明刊

針灸大成 六本附圖掃葉山房又十卷八本李月桂 撰又針灸大成十卷楊繼周近刊

針灸說約 一本

針灸聚英發揮 四本 明梅孤刊

銅人針灸經 七卷 明堂灸經 八卷 二本

補注銅人腧穴針灸圖經 五卷 二本 宋王惟一

子午流注針經 一本 鈔本

針灸擇日編集 一卷 一本 證治針經 四卷四本 郭誠勳輯 海昌

醫貫六卷二本 醫無閭子趙氏醫貫六卷三本趙獻可
呂晚村評
醫學入門七卷八本李梴編注
醫學心悟六本吳道源 醫學三字經十本陳念祖
醫學辨正四卷四本張學醇
醫學從衆 醫學原理十三卷十六本
明汪機寫刻
醫學金針八卷六本長樂陳念祖
醫學實在易八本陳念祖 醫學集成四卷四本
醫宗備要十本湖北局本

共吉紙莊

醫宗說約 四本
〻 醫宗承啓 吳人駒 六卷 四本 [illegible]西
醫宗金鑑 九十卷 四十八本 附外科 內府本
醫宗必讀 十卷 六本 雲間李中梓
醫林纂要 十本
醫林指月 六本
醫林改錯 一本 王清任撰
醫門法律 六卷 十六本 喻昌撰
醫門棒喝 十二本 山陰張虛谷撰 一作會稽章楠
儒門醫學 四本
儒門事親 十五卷 五本
筆花醫鏡 四卷 江涵暾
醫經原旨 六本

葉氏醫衡　二本

張氏醫通　十六卷　十八本　長洲張璐玉

陸氏醫騐　四本

巢氏病源　五十卷　十二本　巢元方

沈氏尊生　二十六本　沈金鰲

費氏醫案　二本　費伯雄

薛氏醫案　六十本　明薛己撰　一作三十六本　明刊

硃批葉氏醫案

洪吉紙莊

徐洄溪醫案　　　　王九峯醫案 六本 鈔本

閒齋醫案 四本　　　　生生子醫案 四本

三家醫案 六本　　　　四家醫案 六本

醫案存真 二本 葉天士　　　　古今醫案 廿卷 十本 俞振 東扶

古今醫鑑　　　　古今醫統

名醫類案 十二卷 附錄一卷 十二本 江瓘撰　　知不

續名醫類案 足齋本 六十卷 魏之琇撰

名醫方論 四本 羅美輯

王氏醫案繹注 三本 王世雄撰 江都石念祖繹注

沈青霞醫案 一本 鈔本

外證醫案彙編 四卷 四本 陽湖趙能靜

景岳全書 六十四卷 二十四本 明張介賓

景岳新發揮

景岳新方砭 二本 陳念祖脩園本

壽世保元 十卷 十本 龔廷賢

嵩崖尊生 十五卷 六本 景冬陽

[illegible]

扁鵲心書

華陀中藏經

三指禪 二本 三卷

四時病機 四本

運氣畧 一卷 本草發明韓要 六卷 六本 明 盱江張三錫纂

洞天奧旨 十六卷 二本 原印大板

醫意 三本 長洲汪琴友鈔本 醫說 十卷 宋張杲 明刊

歸硯錄 四卷 四本 海昌王世雄

六科準繩 四十二本 明王肯堂撰

臨證指南醫案 四十卷附良方四卷十二本古吳葉桂天士撰

類證治裁 八本

醫醇賸義 八本 費伯雄

壽世保元 十卷 十本 龔廷賢

證治準繩 五卷 十六本 金壇王肯堂

證治彙補 八卷 六本 上海李惺菴 康熙間刻

理虛元鑑 二本 柯懷祖訂 此書專治虛勞 嘯園本

串雅內外編 六本

太醫程文 四本

丹溪心法 十六本 二十四卷坿餘一卷 明刊 元朱震亨撰

辨症奇聞 六本

感箴寶筏 六本

冷廬醫話 五卷 四本 陸定圃 巾箱本

蒼生司命 八卷 八本 虞天民

名醫指掌 四本

河間醫書三種八本明周藩本
薛氏醫書四種六本薛東慧
童刻醫書五種二十四本
王孟英醫書五種杭州王士禮
俞嘉言醫書三種十二本
王肯堂醫書六種一百二十本
萬氏八種十六本萬昌邑
徐靈胎八種八本徐大椿又十六種

潘氏醫書六種 十二本 潘蔚 錢塘

當歸草堂叢書十種 十二本 丁氏刊

東垣十書 八本 東垣老人李杲

陳修園醫書五十種 二十八本 陳念祖 商務印書館

又四十八種 掃葉山房

醫學叢書 八十本 周學海

圖書集成醫部全錄 文瑞樓本

玉機微義 五十卷 十本 徐用誠選 明刊

東醫寶鑑 二十三卷 六十本 明許浚 高麗人

成方切用 十二卷 十本 武原吳儀洛

經驗方鈔 四卷 四本 錢塘陸言

古方選註 附得宜本草 一卷 四本 王子接

備急方 一卷 一本 抄本

肘後備急方 八卷 四本 晉葛洪 瓶花書屋刻

備急千金要方 三十卷 千金翼方 三十卷 二十本 保元堂刊

千金寶要 六卷 唐孫思邈 平津館本 孫星衍校

局方發揮 一卷 一本 元朱震亨

共吉氏主

蘇沈內翰良方 十卷 四本 宋蘇軾 沈括同撰

醫方集解 三卷 六本 休寧汪昂 康熙间刊

又 二十一卷 附錄一卷 六本 掃葉山房刻

雞峯普濟方 三十卷 六本 長洲王士鐘 又普濟方 三本 明朱橚

易簡方 一本 宋王碩 又易簡方論 復新 六卷 六本 新安程

萬病回春 八卷 八本 明龔廷賢 明刊 八千卷樓舊藏

醫方論 四卷 二本 武進費伯雄

良方集腋 二本 二本

回生集二卷七本良方附續集陳述

千金方衍義三十卷三十二本掃葉山房

六科良方一本

醫方一盤珠四本

經驗丹方二本

洪氏集驗方

經驗良方二本

驗方新編鮑相璈撰八本十六卷又驗方萃編四卷

奇克唐阿光緒間刊

洪吉氏[illegible]

本事方釋義　六本

集古良方　十二卷　四本　江進

古方選注　六本　十三方

家用良方　六本　掃葉山房

拔萃良方

良朋彙集　四本

奇方類編　二卷　二本　鄂奇善

怪疾奇方　一本　費伯雄

祝由十三科 二本
二十一膏方 一本 吉夢王賓雁
吐方考 一本
舌胗說 一本 鈔本
尊生八箋 二十卷 十本 明古杭高濂
醫方集徑 十卷 四本 李光明刊
赤水玄珠 三十卷 醫旨緒餘 二卷 醫案五卷 卅六本 孫一奎
蘭室秘藏 三卷 六本 金李杲 元刊

洪吉紙莊

丹溪心法附餘 二十四卷 十本 元朱震亨

沈氏尊生 二十六本 沈金鰲

安驥集 八卷 痊驥通玄論 六卷 四本 明刊

經絡考 一本 辨症奇聞 十五卷 八本 山陰陳士鐸

臨病攷證 一本

客塵醫話 一卷 一本 秀水計壽喬

串雅內編 四卷 四本 串雅外編 四卷 錢塘趙恕軒

元亨療馬集 六卷 牛經 二卷 俗名牛馬經通行本

重

數術類

易林 十六卷 漢焦贛

太元經 十六卷 漢揚雄 蜀范望注 明王道焜校刊

太元經集注 十卷 宋司馬公集注 嘉慶間陶五柳仿宋刊

太元解 一卷 焦袁熹 珠塵本

五行大義 五卷 隋蕭吉 知不足齋本

開元占經 百二十卷 唐瞿曇悉達

乙巳占 十二卷 四本 唐李淳風

觀象玩占四十九卷唐李淳風　盛伯熙家藏本

雲氣占候篇二卷翁鑾子撰相雨書一卷黃子發發撰此二種合刻一本

風角占八卷二本濟陽張爾岐　風角一覽

天文祥異賦

儀象祥異占驗圖十本明水雲山房鈔本附五色圖

潛虛一卷宋司馬光附潛虛發微論一卷宋張敦實又潛虛解一卷焦袁熹　知不足齋本

皇極經世書十二卷宋邵雍　通行本

皇極經世緒言八卷十本　西昌劉斯組

卜筮類

靈棋經　二卷二本　晉顏幼明註

卜筮正宗　十四卷六本　洞庭王維德

卜筮易隱　十卷　山陰劉士林輯

卜筮星相學　八卷四本　袁樹珊

周易加倍數

卜易　六本　野鶴老人撰

周易補注

斷易大全

先天易數

梅花易數

太乙神數　四十卷十六本

奇門大全

奇門一得

奇門五總龜

鐵板神數　十二卷廿二本

六壬書 六本 旌善堂本　六壬類

六壬大全 十二卷 明郭載騋刊　六壬經緯 三卷 四本 宋江 毛志道

六壬尋源 四卷 四本 李樂淳 堂刊　六壬心鏡 四卷 宋徐道符撰

六壬金口訣　六壬粹言 六卷 八本 李蛟川 劉赤江

六壬類聚 四卷 仕學備餘 六卷 八本 臨川紀大奎

六壬眎斯 二卷 二本　六壬探源 二卷 二本 袁樹珊 江都袁阜

諸葛武侯神數　金錢神課

牙牌神數 一本 石印 八種　太古演禽 嘯園本 十本

紫薇斗數 四本 錦章書局 測字秘牒 一卷 一本

星命類

淵海子平 五卷 二本 子平四言集腋 六卷 閻廖冀亨 石印

文武星案 二集 星平滙海 作會 十卷 六本 滙一

三命通滙 十二卷 明刊 又 易水萬育吾 經綸堂刊 滴天髓 二集

星命淵源 五種 五卷 佚名 命學須知 二本

算命不求人 一本 命理四字經

窮通寶鑑 二卷 二本 命理探源 八卷 四本

洪吉氏[illegible]

神峯通考 六本

格解子平 一集

選擇類

欽定協紀辨方 三十六卷 二十本 殿本

諏吉便覧 附寶鏡圖 二本

諏吉歷眼 十二本 明董汝和撰

選擇正宗

永吉通書

永寧通書

三元選擇 七卷 二本

萬年歷書 一套

百中經 二本

擇日秘書

玉匣記 四本

選擇天鏡　三卷之本　瀨江任端　乾隆間刊

相法類

神相全編　十二卷六本　陳摶　宋心相篇注解　一本　仝上

神相彙編　四卷續一卷　本高晁玉　四　水鏡相法　一套

麻衣相法　五卷二本　柳莊相法　一套　明袁珙

相理衡真　一套　三世相法　一套

神相鐵關刀　四卷四本　太清神鑑　六卷　撰　後周王朴

氷鑑　一本

洪吉民[illegible]

陽宅類

陽宅大全 十卷六本 吳勉學校　陽宅愛衆 四卷四本

陽宅三要 四卷二本 李一壑居士撰　陽宅集成 八卷六本

陽宅大成四種 十二本 通行本　陽宅必用

陽宅正宗　陽宅輯要

陽宅十書　陰陽二宅集成 十二卷十二本 華亭姚廷鑾

陽三地五合刻

陰陽五要奇書 十二本 通行本

地理類

地理存菁 一卷 江都高星權 地理原真 四本 四明釋如玉撰 萬本 仁抄本

地理辨正 五卷 二本 雲間蔣平階 地理五決 八卷 四本

地理雪心賦 四卷 四本 地理不求人 五卷 四本

地理鉛彈子 六卷 四本 地理歸厚錄 二本 明冷謙

地理啖蔗錄 八卷 八本 地理六經注 六卷 四本

地理直指原真 三卷 八本 沈氏地理學 二卷 二本

地理入地眼 十卷 六本 千里眼 二本 鈔本 元釋慕講著

洪吉氏言

山洋指迷四卷四本　地理一貫堪輿八卷八本袖珍　李

地理人子須知三十九卷十本　明徐善繼　明刻

乾坤法竅三卷六本　附陰玄解　林符堂原本

地理辨正補六卷四本　桐鄉朱蓴　道光間刊

地理琢玉斧四卷　閩之徐之譔　地理元文四卷　卷端朱國瑚

水龍經　玉體髓經

魯班經　葬宅經

羅經解三卷二本　宗岩鯨　又羅經透解　羅經頂門針二卷　明徐之鏌　明刊

雜家類

淮南子二十一卷 高誘注 兼道家

許叔重淮南子注一卷 孫馮翼輯 問經堂本

淮南萬畢術一卷 孫馮翼輯 問經堂本

淮南天文訓補注二卷 指海本

淮南子斠補一本 九江呂傳元 排印本

淮南鴻烈解二十一卷八本 明茅坤等評 又桐城吳汝綸評注三本 本鉛印

抱朴子內外編八卷 晉葛洪 兼道家

抱朴子内篇校勘記一卷外篇校勘記一卷佚文一　卷佚文一卷嚴可均

顔氏家訓注七卷北齊顔之推趙曦明注　雜纂釋

長短經九卷唐趙蕤　雜纂縱橫

激書五十七篇賀貽孫江西刻本兼道家

玉芝堂談薈三十六卷三十二本徐應秋

兩同書二卷唐羅隱　兼道家

續同書八卷四本長白福申自刻本

古事比五十二卷六本桐山方中德　點石齋石印　巾箱本

物理小識 十二卷 六本 明方以智

淮南雜識 四卷 四本 鎮洋閻益

格古要論 十三卷 四本 雲間曹昭明仲撰 明刊

信古餘論 八卷 雲間徐鴻洲 舊鈔本

古今釋疑 十八卷 合山方中履

閑閑錄 十卷 練江程瞳

楊園備忘錄 二卷 一本

鄉園憶舊錄 六卷 王培荀 道光間刊

萬子迂談 八卷 萬衣 乾隆間刊

庸言 余季青 四卷 二本

張秀生庸書 十本

陳眉公珍珠船 四卷 一本 明陳繼儒

戴氏鼠璞 二卷 二本 明戴埴 胡文煥校刊

聖學宗傳 十四卷 十四本 明周汝登刊

譚輅 三卷 三本 明張鳳翼刊

憲世編 六卷 十六本 明唐鶴徵 明純白齋刊

草莽私乘雜窗叢話合刻 二本

詞致錄 李天麟 十六卷 十六本 明 流芳錄 六卷 汝登 十四本 明周

西征日錄 一本 明楊一清 稱謂錄 三十二卷 章鉅 八本 梁

匏瓜錄 長恆 十卷 六本 瀬北芮 小知錄 十二卷 陸鳳藻 六本 吳門

妄妄錄 焦圓 十二卷 六本 吳縣 求艾錄 十卷 以貞 二本 歸安楊

明辨錄 一本 安平陳法 道南錄 一本 持菴 滇海遵祚永

二申野錄 八卷 孫之騄 四本 仁和 學仕錄 十六卷 戴肇辰 八本 丹徒

疑辨錄 三卷 明人 二本 周洪謨 藝談錄 二卷 四本 張維屏

閑闢錄十卷 四本 練江程瞳輯 京塵雜錄四卷 二本 楊掌生

焠掌錄二卷 鈔本 二本 汪啓淑 九九消夏錄十四卷 俞樾

過庭錄十六卷 宋翔鳳 寓意錄四卷 二本 上海徐渭然

蕉窗九錄 二本 明李于鱗 排印 鶴徵錄八卷 後錄十二卷 嘉興李敬堂

靈徵錄一卷 燕說錄十三卷 棲梅稿八卷 明孫鑰 明刊

一瞬錄 一本 黔筑周際華 道光間刊 塊林漫錄二卷 明瞿式耜

從征實錄 一本 明楊英 稿影印 南吳舊話錄廿四卷 華亭蔣烈 鉛印

伊洛淵源續錄六卷 一本 明謝鐸

甲申日記　一本　明黄淳耀　求可堂日記　一本　冀亭　永定黎

翁文恭日記　四十本　常熟翁同龢　商務印書館　横陽札記　十卷　四本　吳承志　錢塘

顔氏學記　十卷　二本　戴望　排印本　理堂日記　一本　焦循

道西齋日記　二卷　一本　王詠霓　一亭考古雜記　一本　吳縣毛慶臻

曝書雜記　三卷　二本　錢泰吉　嘉興　越縵堂日記　五十一本　李慈銘　石印

桂游日記　三卷　一本　張維屏　番禺　石渠餘記　六卷　王慶雲　閩人

山右獄記　一本　通行本　顧怨齋　顔山雜記　四卷　益州孫廷銓

東游日記　一本　平陽黄慶澄　西園雜記　二卷　徐泰

識小類編觀卷湘潭夏大習是編十二卷古虞居咸霖寫刻本

最樂編六卷明高道淳續二卷一本嘉善錢煥

測語二卷林本明錢琦鹽邑志　古言二卷明鄭曉仝上

鳴吾紀事一卷仝上崔嘉祥　荒箸略一卷上劉世教仝

實存四卷上海胡式鈺　海客日譚六卷華陽王芝

解醒語四卷申報館本洲瀆野客　花甲閒談十六卷番禺張維屏

紫霞閒言二卷嘉慶間刊施穆亭

小說類附筆記

漢武內傳一卷附錄外傳校勘記　齊王儉　守山閣

西京雜記六卷梁吳均　漢魏叢書本

博物志十卷附逸文晉張華　續博物志十卷一本唐李石

海內十洲記一卷漢東方朔

洞冥記一本漢郭憲

神異經一本漢東方朔

搜神記晉干寶　搜神後記晉陶淵明

世說新語三卷宋劉義慶撰 梁劉孝標注 明刊

世說新語補四卷二李何良俊明刊

拾遺記十卷秦王嘉

異苑十卷宋劉敬叔

國史補三卷唐李肇

明皇雜錄三卷附校勘記唐鄭處誨

杜陽雜編三卷唐蘇鶚

酉陽雜俎二十卷續十卷段成式

尚書故實 一卷 唐李綽

因話錄 六卷 唐趙璘

北夢瑣言 二十卷 五代孫光憲

茅亭客話 十卷 宋黃休復

唐語林 八卷 附校勘記 宋王讜

清異錄 二卷 宋陶穀

歸田錄 二卷 宋歐陽修

鐵圍山叢談 六卷 宋蔡絛

侯鯖錄八卷宋趙令畤

續世說二十卷孔平仲

萍洲可談三卷附校勘記宋朱彧

默記三卷宋王銍

揮麈前錄四卷後錄十卷二錄三卷餘話二卷宋王明清

聞見前錄二十卷宋邵伯溫聞見後錄二十卷宋邵博

雞肋編三卷宋莊季裕

桯史十五卷附錄一卷宋岳珂

癸辛雜識前集一卷後集一卷續集別集各二卷宋周密

輟耕錄三十卷元陶宗儀

山居新語四卷元楊瑀

震澤紀聞二卷震澤長語二卷明王鏊

水東日記四十記明葉盛

菽園雜記十五卷明陸容

何氏語林三十卷明何良俊

鈍吟雜錄十卷馮班

洪吉民[illegible]

居易錄三十四卷王士禛

池北偶談二十六卷仝上

香祖筆記十二卷仝上

分甘餘話四卷仝上

觚賸　卷吳江鈕琇玉樵

寄園寄所寄十二卷[illegible]休寧趙吉士天羽

人海記　卷海寧查慎行初白

說鈴　卷長洲汪琬鈍菴

柳南隨筆六卷虞山王應奎東溆

堅瓠集七十卷長洲褚人穫學稼

茶餘客話　十二卷　四本　山陽阮吾山葵生

藤陰雜記　十二卷　四本　戴璐

嘯亭雜錄　卷　續錄　卷　禮親王昭槤

閱微草堂筆記　河間紀昀曉嵐　一名消夏五種

新齊諧　卷　錢塘袁枚簡齋　一名子不語

簷曝雜記　卷　陽湖趙翼

竹葉亭雜記　八卷　桐城姚元之伯昂

歸田瑣記　四卷　福州梁章鉅茝卿　勸戒九錄　卷　福州梁恭辰　茝卿之子

庸菴筆記　四卷　四本　薛福成

庸閒齋筆記十二卷　海昌陳其元子莊

郎潛紀聞　十四卷　五本　鄞　陳康祺

恩福堂筆記　二卷　四本　吉林英和

秋雨菴隨筆　卷　錢塘梁紹壬

春在堂隨筆　卷　德清俞樾蔭甫

平等閣筆記　二卷　溧陽狄黌楚青

太平廣記　五百卷　宋李昉等

釋道類

宏明集十四卷 梁僧祐 明刻

廣宏明集三十卷 唐釋道宣

佛國記一卷 宋釋法顯

大唐西域記十二卷 唐釋元奘譯 辯機撰 守山閣本

開元釋教錄二十卷 唐釋智昇

五鐙會元二十卷 十四本 宋釋普濟

大唐內典錄十卷 續一卷 唐釋道宣 明徑山寺刊

歷代三寶記十五卷 隋費長房上

古今譯經圖禮 一卷 唐沙門靖邁

大唐聖教法寶目錄 十卷 大德丙午釋克己序刻

大元至元法寶勘同總錄 十卷 沙門慶吉祥

法苑珠琳 一百二十卷 唐釋道世玄惲 燕圖蔣氏刻本

釋迦譜十卷 蕭齊僧祐

釋迦氏譜 一卷 釋道宣

釋氏方誌二卷 仝上

釋迦成道記 一本 唐王勃

翻譯名義 十四卷 宋釋法雲 雲棲寺刻本

一切經音義 二十五卷 之本 唐沙門玄德 一作唐釋元應

高僧傳 十三卷 序錄一卷 梁釋慧皎 海山仙館本

續高僧傳 宋高僧傳 宋釋道宣 明高僧傳

求法高僧傳 二卷 釋義淨 神僧傳 五本

歸元直指 三卷 三本 釋一元宗本

宗鏡錄 一百卷 二十本 殿本 宋釋延壽 雍正御序

釋氏稽古略四卷續三卷五本
歸元鏡二卷二本
宗鏡錄具體十四本宋智覺
佛爾雅二本周春
宗鏡錄法相義節要一本南昌梅光羲節要
相宗綱要一本仝上
竹窗隨筆二筆三筆三本明釋袾宏即蓮池法師
歷代禪師語錄雍正御序十四本

道書全集　四函

道書十二種

呂祖全書

參同契　漢魏伯陽撰　一卷

悟真篇　二注　四注

真誥　二十卷　八本　梁陶宏景撰

龍虎經註疏　三卷　宋王道撰

道統大成　十本

道書八種

道藏輯要　二十八函

呂祖正宗　四函

參同契考異　漢魏伯陽撰　宋朱子考異

性命圭旨　四本

列仙傳二卷 漢劉向撰 明刊四卷四本有圖

歷代神仙傳十卷八本 晉葛洪

歷代仙史八卷六本 王建章纂

古今列仙通紀六十卷 明古吳薛大訓輯刊

古今神仙紀畧女貞紀畧一卷 鈔本

搜神記 晉干寶 八卷一本 搜神後記 晉陶潛

續仙傳四卷 南唐沈汾

雲笈七籤一百二十卷 宋張君房

神仙通鑑廿二卷廿四本張真人黃掌綸同訂
周顛仙人傳一卷一本明藩鈔本
古文參同契集解三卷二本明蔣一彪汲古閣刊
三教正宗三十六卷明林兆恩刊
正統道藏全書一千二百本商務印書館重印
在家成佛圖頓法門三卷四本
比丘尼傳一本居士傳四本
善女人傳一本禪林僧寶傳三十二卷宋釋惠洪

佛學大辭典　卷上海醫　書局

佛學小辭典　卷仝上

翻譯名義集　卷

翻譯名義集選　一本

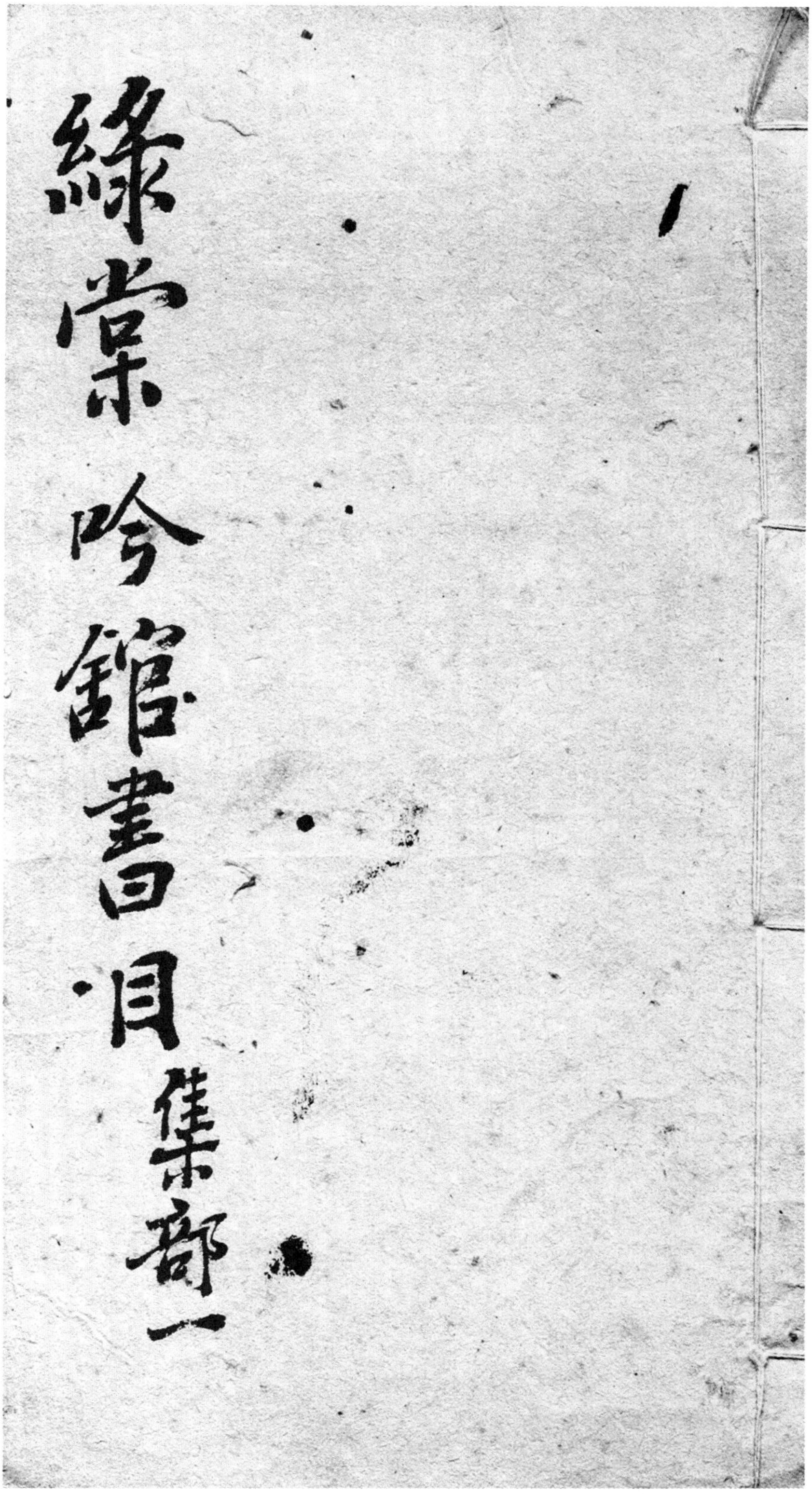

綠棠吟館書目 集部 一

綠棠吟館書目

宛平稚川居士輯著

詩文集類

楚詞十七卷 楚屈原撰 二本 明朱爕元刊

楚詞八卷後語六卷辯證二卷附反騷一卷 明刊

楚詞補注十七卷 漢王逸注 宋洪興祖補注 汲古閣本

楚詞集注集註八卷辯證二卷後語六卷 宋朱子

楚詞箋注十七卷 汲古閣本

楚詞五卷陳老蓮繪圖

楚詞十七卷四本附楚辭附録音義

楚詞天問箋一卷山陽丁晏 又天問補注一卷毛奇齡

楚詞通釋十四卷末一卷二本衡陽王夫之

楚詞章句十七卷四本漢王逸注 汲古閣本

楚詞燈四卷二本 明林雲銘注

離騷集傳一卷宋晉陵錢杲之集傳 知不足齋本

離騷箋一本閩中海豐龔景瀚撰

離騷草木疏 四卷 河南吳仁傑撰 又四卷 周拱振注

屈宋古音義 三卷 明陳第

離騷彙訂 二本 錫山王邦采

屈騷指掌 四卷 二本 武進胡文英

董仲舒集 一卷 廣川董仲舒撰 明刊

東方先生集 一卷 漢平原東方朔曼倩撰

司馬子長集 龍門司馬遷子長撰

司馬長卿集 一卷 漢成都司馬相如撰

班孟堅集　漢班固

揚子雲集　漢揚雄子雲

鄭康成集　漢高密鄭玄康成

阮元瑜集　漢陳留阮瑀元瑜

蔡中郎集　六卷漢蔡邕撰　又十卷外集四卷六本　海源閣刊

諸葛忠武侯文集　四卷漢諸葛亮附錄二卷諸葛故事五卷張澍編

諸葛武侯全書　二十卷十本　長沙刊

諸葛武侯集　十二本　掃葉山房本

徐偉長集 三國徐幹

孔文舉集 漢北海孔融文舉

王仲宣集 漢王粲

陳孔璋集 漢陳琳

魏武帝集 魏文帝集

曹子建集 魏曹植十卷四本 又陳思王集二卷二本 曹子建撰本版活字本

應德璉集 魏應瑒

劉公幹集 三國劉楨

陶淵明集　十卷　四本　晉陶潛

陶淵明文集　十卷　汲古閣本

陶靖節詩注　四卷　宋湯漢注　拜經樓本　又四卷　東坡和陶一卷　西湖詹夔錫注

陶註陶詩　四本　陶文毅公注　掃葉山房本

王右軍集　晉王羲之逸少

陶隱居集　二卷　二本　晉陶宏景　舊抄本

陶貞白集　二卷　一本　梁陶宏景　汪士賢校　明刊

嵇中散集　十卷　晉嵇康　明汪士賢校刊

陸士衡集十卷晉陸機　又文集十卷札記一卷二本

陸士龍集十卷晉陸雲　小萬卷樓刊

晉二俊文集二十卷八本陸機陸雲撰明汪士賢校刊

鮑參軍集十卷宋鮑照明朱應登刊

鮑明遠集十卷四本鮑照明遠　明程榮刊

謝宣城集五卷齊謝朓　拜經樓又六卷四本又首

正書局本

謝希逸集晉謝莊希逸

謝康樂集

梁武帝集　梁元帝集　梁簡文帝集　二卷

梁昭明太子集　六卷梁蕭統明葉紹泰編又五卷二本明遼國寶訓堂刊

江文通集彙注　十卷梁江淹明胡人驥注刻本

江文通集　四卷梁賓校刊

任彥昇集　六卷二本梁任昉

何水部集　一卷梁何遜明張紘刊

庾子山集注　十六卷周庾信倪璠注又庾子山集箋注十卷六本吳江吳兆宜箋

庾子山全集　十六卷附年譜一卷十二本同治間刊又庾開府集十二卷周庾信

徐孝穆集箋注 六卷 陳徐陵 吴江 吴兆宜注 一

阮嗣宗集 二卷 二本 晉阮籍嗣宗 明汪士賢校刊

沈休文集 梁沈約休文

沈隱侯集 二卷 四本 梁吴興沈約休文 張溥校刊

顔延年集 一卷 一本 宋顔延之延年 又顔光禄集 一 李仝

潘安仁集 二卷 二本 晉潘岳安仁

左太冲集 晉臨淄左思太冲

陳後主集

隋煬帝集

枚叔集

王叔師集

劉子政集 漢劉向一本附劉子駿集 林紓選評 商務印書館

鄭司農集 一本 漢鄭元 雅雨堂本

初唐四傑集 王子安集十六卷王勃楊盈川集十卷 楊炯盧昇之集七卷附錄一卷盧照鄰

駱丞集四卷 駱賓王 通行本

駱賓王集 十卷 駱丞 四本又二本掃葉山房

靈隱子集六卷六本駱賓王 明刊

陳伯玉文集 三卷詩集二卷射洪陳子昂伯玉 明刊 本又三本涵芬樓影印本

張燕公集二十五卷洛陽張說道濟封燕國公家 珍本四本

楊盈川集十卷附錄一卷二本楊炯 四部叢刊本

北堂書鈔二十本餘姚虞世南伯施 掃葉山房

李北海集六卷附錄一卷李邕　明刊

曲江集二十卷曲江張九齡子壽又曲江集十二卷　附錄一卷四本雍正間刊

王子安集注二十卷六本龍門王勃子安　吳縣蔣氏刊注

李太白全集三十六卷十六本李白　王琦注　通行本　掃葉山房本

又三十六卷十二本仿宋掃葉山房又二十卷吳門　繆日芑刊

杜詩詳注二十五卷十四本杜甫子美　仇兆鰲注　通行本

杜詩鏡詮二十卷十二本楊倫注　望川益齋刊

五家評杜工部集十冊　廣州刻本　掃葉山房

杜工部詩集注二十卷八本　錢謙益注　錢印

讀杜心解六卷八本　浦起龍撰　雍正間刊

讀杜愚得十八卷十六本　吉州單復定　洪武間刊

杜詩集說二十卷十二本　嘉興江浩然注

杜文注解二卷　張溍注

杜詩偶評四卷二本　長洲沈德潛寫刻本

王右丞集注二十八卷十本　太原王維摩詰　趙殿成注　乾隆間刊

王摩詰詩集七卷三本　藍田王維　又六卷二本　項氏刊

孟襄陽集三卷 孟浩然 汪氏刊 通行本 汲古閣本

孟浩然詩集三卷二本 明刊

元次山集十二卷 汝州元結次山

顏魯公集十五卷補遺年譜行狀 本傳四本 顏真卿 清臣 謚文忠 封魯國公 嘉慶間刊

文忠集十六卷二本 顏真卿

劉隨州集十卷補遺一卷 河間劉長卿文房 席氏本 又十一卷六本

韋蘇州集十卷四本 河南韋應物官蘇州刺史 汲古閣本

韋江州集十卷附錄一卷二本 韋應物 涵芬樓影印

錢考功集十卷長興錢起仲文 席氏本

毗陵集二十卷獨孤及 亦有生齋校刻本

李君虞集二卷李益 席氏本

華陽集二卷附顧非熊詩一卷海鹽顧況逋翁 席氏本

權文公集五十卷洛陽權德輿載之 又權載之文集五十卷八本 嘉慶間刊

韓昌黎全集四十一卷年譜一卷外集十卷遺文一卷點勘四卷十一本南陽韓愈退之江南書局覆宋本又東雅堂本

韓文考異十卷二十本朱子 李光地校刊

韓昌黎詩箋注十一卷四本 長洲顧嗣立重刊 又掃葉山房

昌黎詩增注十二卷四本 雅雨堂本 又萬本 又編年 昌黎詩注十二卷 方世舉編

昌黎詩集四本 朱竹垞何義門評 掃葉山房

柳集四十五卷 龍城錄二卷 外集二卷 附錄二卷 集傳一卷 解郡柳宗元子厚 明刊

柳河東文集四本 柳宗元 掃葉山房

柳河東詩集二卷二本

柳柳州外集一卷 附錄一卷 一本

柳柳州全集四本 掃葉山房

王司馬集八卷潁川王建仲初王建集八卷四本影宋本

張司業集八卷拾遺一卷附錄一卷烏江張籍文昌

李文公集十八卷補遺附錄各一卷四本李翺汲古閣本又李習之集十八卷六本全

劉賓客文集三十卷外集十卷中山劉禹錫夢得

元氏長慶集六十卷補遺一卷河南元稹微之十五本明馬調元刊

白氏長慶集七十一卷五本太原白居易樂天全又有元白合刻通行本

白香山詩集四十卷附錄年譜二卷汪立名編一隅草堂刊

李長吉歌詩四卷外集一卷四本李賀長吉錢塘王琦注宏達堂刊

會昌一品集明刊二十卷別集十卷外集四卷李德裕

李衛公集三十五卷六李李德裕

長江集十卷附錄一卷范陽賈島浪仙

孟東野集十卷四本武康孟郊東野

呂衡州集十卷呂溫　粵雅堂本

李元賓文編三卷外編二卷補一卷李觀　粵雅堂

玉川子詩注五卷濟源盧仝別署玉川子

皇甫持正集六卷淳安皇甫湜持正　汲古閣本

歐陽行周集十卷 晉江歐陽詹行周 明刻

沈下賢集十二卷 沈亞之 明萬曆間刊

樊紹述集注二卷 樊宗師 孫之騄注

温飛卿詩集四本 温庭筠飛卿 掃葉山房

温飛卿集箋注九卷二本 顧予咸 顧嗣立注 秀野草堂本

玉谿生詩詳注三卷四本 河内李商隱義山別署玉谿生 桐鄉馮浩然注

玉溪生詩意本八卷六本 蒲城屈復 乾隆間寫刻

樊南文集詳注八卷 朱鶴齡注 文十六卷 徐樹穀箋

硃批李義山詩 四本 掃葉山房

姚少監詩集 十卷 姚合 汲古閣本

樊川文集注 二十卷 外集一卷 別集一卷 六本 杜牧 牧之 世稱小杜

杜樊川詩集 四本 又杜樊川詩注 四本 通行本

孫可之文集 十卷 古閣本 孫樵 汲 又二卷 二本 活字本

丁卯集 二卷 續集二卷 續補一卷 集外遺詩一卷 許渾 汲古閣本

文泉子集 一卷 劉蛻 別下齋本

甲乙集 十卷 一本 錢塘羅隱昭諫 涵芬樓影印本

羅昭諫集八卷 仝 又讒書五卷 仝 拜經樓校本

麟角集一卷 王棨 知不足齋本

皮子文藪十卷 明刊 襄陽皮日休襲美別署閒氣布衣

甫里集三十卷 明刊 長興陸龜蒙魯望別署江湖散人

笠澤叢書七卷 編刻本 補遺一卷 附考一卷 陸龜蒙 許槤

松陵集二十卷 皮日休陸龜蒙合刊 汲古閣本

張處士詩集五卷 一本 文河張祜承吉

高常侍集八卷 一本 滄州高適達夫 四部叢刊本

司空表聖文集十卷虞鄉司空圖表聖　席氏本

司空表聖詩集十卷三本仝上四部叢刊本

翰內翰別集一卷韓偓致堯汲古閣本　又香奩集三卷仝

黃御史集十卷附錄一卷黃滔　崇禎閣刊

陸宣公集二十二卷六本嘉興陸贄敬禹　傲文峯年氏校刊　又錢塘周氏校刊　又通行本

翰苑集二十四卷十本陸贄　山右張佩芳註釋　又江西魏氏校刻

制誥集二十卷四本常袞　閩郭栢蒼校刊

寒山子詩一本　又二本釋寒山子

元英先生集十卷方干　梨岳集一本李頻　附本

孫可之集十卷孫樵　麟角集一本王棨

魏鄭公文集三卷詩集一卷　文海

蘇許公文集十二卷蘇瓌

宋之問集二卷二本明刻

披沙集六卷二本李咸用

幽憂子集二本盧照鄰　商務印書館

李羣玉詩集一本仝上　以上唐至五代

林和靖集四卷省心錄一卷詩話一卷二本錢塘林逋子仁謚和靖

康熙間刊和靖詩集四卷吳調元校刊

騎省集三十卷八本徐鉉舊鈔本又明刊本又宮堆紙

河東集十五卷附錄一卷柳開

小畜集三十卷外集七卷鉅野王禹偁元之

武夷新集二十卷附西崑酬唱集浦城楊億大年祝氏留香室刻本

宋元憲集四十卷雍邱宋庠公序謚元獻聚珍本

宋景文集六十二卷拾遺二十二卷十九本雍邱宋祁子京謚景文庠之弟聚珍本

元憲集二十六卷六本湖北先正遺書影印

宋景文公筆記三卷一本湖北先正遺書

文恭集五十卷補遺一卷晉陵胡宿武平謚文恭聚珍本六本

文正集二十卷別集四卷補編五卷吳縣范仲淹希文謚文正通行本

范文正公別集四卷二本

范忠宣公集二卷奏議二卷遺文附錄補編各一卷本吳縣范純仁堯夫文正子

二范全集十六本范文正范忠宣合刊康熙閒刻又八本掃葉山房

河南集二十七卷尹洙長洲陳氏校刻本

蔡忠惠集 三十六卷 蔡襄君謨謚忠惠

蘇學士佳 十五卷 二本 蘇州蘇舜欽子美 又十六卷 宋牧仲校刊

華陽集 六十卷 附錄十卷 萬州王珪禹玉謚文恭

韓魏公集 二十四卷 八本 相州韓琦稚圭 正謚堂 刊 文安陽集六十五卷 遺事一卷 十本

公是集 五十四卷 四本 劉敞 彭城集 四十卷 八本 劉

盱江集 三十七卷 年譜一卷 外集三卷 南陽李覯泰 伯

司馬文正集 八十卷 陝州司馬光君實謚文正封溫 國公

司馬文正公傳家集 八十二卷 十二本 明刊

司馬温公集十四卷八本六本 一通行本又儀封張氏刻

元豐類稿五十卷十本南豐曾鞏子固明刊又南豐文集五十一卷十六本

曾文定公集二十一卷十二本康熙閒刊 曾南豐集十二本掃葉山房

宛陵集六十卷附錄五卷拾遺一卷續詩名一卷十二本宣城梅聖俞堯臣

梅宛陵集十本掃葉山房·

歐陽文忠集一百五十三卷附錄五卷二十四本盧陵歐陽修永叔謚文忠乾隆閒刊

六一居士集四十八卷年譜一卷二十四本明仿宋刻本

周蓮溪集四本周敦頤茂叔別號蓮溪先生有愛蓮說從祀孔廟

二程全書 六十六卷十六本 洛陽程顥伯淳世稱明道先生程頤正孫世稱伊川先生顥之弟也俱從祀孔廟 六安求我齋校刻本

伊川擊壤集 二十卷十二本 洛陽邵雍堯夫謚康節 明刊 又四本 通行

伊川擊壤集 十卷附三世名賢行畧一卷四本 裔孫養定 養員刊

淮海集 十七卷後集二卷詞一卷補遺一卷六本 秦觀少游

王臨川集 一百卷二十本 臨川王安石介甫謚曰文封荊國公 明仿宋刊

王荊公文注 八卷八本 吳縣沈欽韓注

王荊公詩注 五十卷八本 李壁注

王荊公文鈔 五本 茅坤評 明刊

王荊公集點勘 一本 吳汝編 鉛印

寶晉英光集八卷 襄陽米芾元章別署海嶽外史
別下齋涉聞梓舊本

柯山集五十卷八本 淮陰張耒文潛

后山集二十四卷四本 彭城陳師道無己又后山詩
注十二卷 宋任淵注 聚珍本

蘇老泉集十六卷八本 眉山蘇洵嘉祐集十六卷六
允明 本仝上

東坡全集七十五卷四十本 眉山蘇軾子瞻號東坡
居士謚文忠 老泉子

施注蘇詩四十三卷補遺二卷年譜十卷 宋施元之
註 古香樓巾箱本

王注蘇詩三十二卷年譜二十本 宋王十朋注

馮注蘇詩二十本 桐鄉
馮應榴注

查注蘇詩十六本五十卷
查慎行注

紀批蘇詩五十卷十二本河間紀昀批道光閒廣州套印本

欒城集五十卷後集二十四卷第三集十卷應詔集十二卷蘇轍子由號欒城老泉次子東坡弟

三蘇全集六十四册掃葉山房本

斜川集六卷附錄上下二卷蘇過知不足齋本

黄山谷全集七十卷二十本分寧黄庭堅魯直號山谷樹經堂刊掃葉山房

雞肋集七十卷晁補之無咎號歸來子明刻本

具茨集晁沖之叔用濟北人十五卷二本光緒間刊

西臺集二十卷畢仲游聚珍本

李忠定公集 二本 邵武李綱伯紀 活字函行本

李忠定公全集 掃葉山房 五十九卷 八本 明刊 又梁溪全集一百八十卷附錄一卷三十二本 全

龍溪集 三十六卷 婺源汪藻彥章號龍溪

石林居士建康集 八卷 葉夢得

簡齋集 十六卷 陳與義去非洛陽人

鴻慶居士集 四十二卷 孫覿仲益晉陵人

茶山集 八卷 六本 曾幾 紫珍李

汪文定集 三十四卷 六本 汪應辰

洪吉氏[illegible]

朱子大全集一百卷二十六本婺源朱熹晦菴謚曰文封徽國公從祀孔廟 通行本

朱子文集十八卷八本 正誼堂本

雪山集十六卷四本王質 聚珍本 湖北先正遺書

周益公大全集二百五卷盧陵周必大子充謚文忠 自號平園老叟

止齋文集五十一卷附錄一卷陳傅良

玫瑰集一百十二卷樓鑰 聚珍本

盤洲集八十卷二十本洪适景伯號盤州謚文惠 舊抄本

浪語集三十五卷薛士龍季宣舊鈔本舊鈔本八本

石湖詩集三十四卷吴縣范成大正能號石湖居士 秀野草堂本

范石湖集三十四卷八本吴縣范成大正能號石湖 居士謚文穆 掃葉山房

楊誠齋集一百三十卷 楊萬里 又誠齋詩集十六卷六本吉 水楊萬里謚文節

渭南文集五十卷逸稿二卷劍南詩稿八十五卷山 陰陸游務觀號放翁

陸放翁全集 二十四本 汲古閣 劍南詩鈔六卷二本 掃葉山房

水心集二十九卷十二本永嘉葉適正則世號水心 先生

水心文集三十卷別集十六卷十二本同

龍川文集三十卷補遺一卷附錄二卷札記一卷 永康陳亮

龍川文集三十卷辨譌考異附錄各一卷十本
仝上
嚴滄浪集六卷邵武嚴羽丹邱自號滄浪逋客
白石詩集一卷附詩說一卷鄱陽姜夔堯章號白石道人
姜白石詩詞合集四本又姜堯章集四卷二本
白石道人歌曲四卷一本 掃葉山房
真西山集五十五卷二十本浦城真德秀景元諡文忠世稱西山先生
趙清獻公集十卷四本西安趙抃閱道諡清獻 明刊
陸象山集三十六卷十二本陸九淵子靜諡文安世稱象山先生從祀孔廟

陸象山全集八本掃葉山房

東萊文集二十卷十本婺州呂祖謙伯恭世稱東萊
先生從祀孔廟退補齋刊

東萊詩集二十卷四本 宋李本中輯

寇萊公集二本華州寇準平仲諡忠愍封萊公又寇
忠愍詩三卷一本 李氏宜秋館刊

徐節孝集三十卷附錄一卷八本山陽徐積
又六本 掃葉山房

鄱陽集四卷二本洪皓

草堂集 蜀人魏野仲先

金仁山集四卷四本蘭溪金履祥諡文懿 退補齋
校刊

毘陵集　十六卷　四本　張守
陶山集　十六卷　四本　陸佃
定齋詩集　五卷　一本　蔡戡　舊鈔本
尹河南文集　二十八卷　二本　尹師魯　嘉慶間刊
淨德集　三十卷　十六本　呂陶
止堂集　二十卷　四本　彭龜年
祠部集　三十六卷　八本　張至
絜齋集　二十四卷　十本　袁燮

恥堂存稿八卷二本高斯得

忠肅集二十卷四本劉摯

南陽集六卷一本趙湘

黃文肅公文集四十卷二十本黃勉齋

海瓊白玉蟾文集六卷續二卷八本葛長庚 康熙間刊 明刊

秋堂集三卷一本柴望 舊鈔本

濟水集十六卷十本李復 舊鈔本

丹陽集二十四卷六本葛勝仲 舊鈔本

洪吉祇註

格齋先生三松集 一卷 二本 王俊才 舊鈔本

孫明復小集 三卷 一本 孫復

洪龜父集 二卷 一本 洪朋 舊鈔本 繆氏校

南軒詩集 七卷 四本 張敬夫

武溪集 二十卷 八本 余靖 康熙間刊

鄂州小集 六卷 附錄二卷 四本 羅願

秋崖文稿 四十五卷 詩四十八卷 十六本 祁門方岳 明刊

都官集 十四卷 四本 陳舜俞 李氏宜秋館刊

陶邕州集一卷一本陶弼　仝上

金氏文集二卷二本金君卿　仝上

古梅吟稿六卷一本吴龍翰　仝上

藏海居士集二卷吴可　仝上

大隱居士集二卷鄧紳　仝上

魏鶴山大全集一百九卷五十本魏了翁　影印本

渠陽詩一卷一本魏鶴山　貴池劉氏刊

鄖溪集二十八卷鄭獬　蒲圻張氏刊

洪吉氏立

北湖集五卷 吳則禮 舊鈔本

紫微集三十六卷 張嵲 文津閣本

北溪全集十本 陳淳

溪堂集四本 謝逸 舊鈔本

楊龜山全集十本 楊時

佳乙稿 建安朱繼芳季實

晞髮集 長洲謝翱皋羽

梅屋吟 臨江鄒登龍震父

瀘溪集十六卷 王廷珪民瞻

青山集 當塗郭祥正功甫

石屏集 戴復古式之

客亭類稿十五卷 楊冠卿 知不足齋本

雙峯猥稿九卷末一卷家訓一卷 六本 舒平叔

蘭皐集二卷 一本 吴錫疇 李氏宜秋館刊

鐵牛翁遺稿一卷 一本 何景福 仝上

裘竹齋詩集三卷 一本 裘萬頃 仝上

嘉禾百詠 一卷 一本 張堯同 仝上

待青軒遺稿 一卷 一本 潘音 仝上

松菴集 六卷 二本 李處權 仝上

咸平集 三卷 四本 田錫 舊鈔本

蒙隱集 二卷 陳棣

嘉湖遺老集 衛州賀鑄方回

丹淵集 梓潼文同與可

漢濱集 十六卷 王之望 文津閣本

湖山類稿附水雲集 汪元量 熙間刊

岳忠武王文集八卷附錄一卷 六李岳飛

岳武穆王集八卷四本 掃葉山房

文文山集 附景萊書室刊 二十卷十六本 吉安文天祥履善 同治

文丞相全集十六卷十本 指南後錄三卷一本 仝上

白石樵唱 林景熙霽山

謝疊山全集九卷四本 謝枋得 道光間刊

翠微南征錄十二卷二本 華岳

洪吉氏

蒙齋集二十卷十本袁甫　閩聚珍本

乖崖先生文集十二卷附錄一卷二本張詠　莫友芝校刊

松隱集四十卷四本曹勛　劉氏刊

北山文集三十一卷八本鄭剛中　退補齋校刊

金陀粹編二十八卷續編三十卷十二本岳珂

橫塘集二十卷四本許景衡

章泉稿五卷二本趙蕃　閩聚珍本

沈氏三先生文集六十二卷十本沈遘　以上南北宋

元遺山詩集十四卷 四本 金太原元好問裕之

元遺山集二十卷 四本 汲古閣本

元遺山全集四十卷 年譜二卷

元遺山集箋注十四卷 附錄一卷 八本 烏程施國祁

中州集十卷 樂府一卷 十二本 元遺山撰

莊靖集十卷 六本 金李俊民 通行本

拙軒集六卷 一本 金王寂

滏水集二十卷 金趙秉文 藍鈔本

滹南遺老集四十五卷四本金王若虛又舊鈔本

剡源集三十卷附札記一卷元戴表元宜稼堂本又三十卷佚文一卷十六本趙懷玉校

松雪齋集十卷外集一卷行狀一卷四本元湖州趙孟頫子昂諡文敏又六本掃葉山房本

許文正公遺書十四卷許衡魯齋又魯齋集六卷二本通行本

金淵集六卷二本仇遠聚珍本

秋澗集一百卷王惲舊鈔本又秋澗先生大全集一百卷十六本

湛然居士集十四卷四本耶律楚材通行本

牧菴文集三十六卷姚燧聚珍本八本

清容居士集五十卷附札記一卷袁桷宜稼堂本

道園學古錄五十卷虞集伯生謚文靖蜀人通行本

虞文靖公集四十四卷遺稿八卷十六本古棠書屋刊

楊仲宏詩八卷楊載留香室刻

郝文忠公集三十九卷附錄一卷十本陵川郝經伯常謚文忠又陵川集

圭塘小稿湯陰許有壬可用謚文忠一

范德機詩七卷范梈又燕然稿臨江范梈德機世稱文白先生

秋宜集壽州揭奚斯曼碩謚文安又揭曼碩詩三卷三本

淵穎集十二卷附録一卷吳萊

雁門集十四卷十六本薩都剌天錫雁門人又三卷 集外詩一卷汲古閣本

靜修集劉因又靜修集遺文二本

九靈山房集三十卷六本戴良金華叢書本又商務印書館

鐵崖全集文五卷史義十二卷西湖竹枝詞一卷八本楊維禎

鐵崖古樂府注十六卷楊維禎

丁鶴年集四卷二本丁鶴年 文津閣本

一山文集九卷三本李繼 文津閣本

雪樓集三十卷十本程鉅夫　文津閣本

月屋漫稿天台黄庚星甫

富山懶稿淳安方夔特佐隱居富山之麓學者稱富山先生

金水吟臨川元淮水鏡

日損齋稿義烏黄溍晉卿謚文獻

翠寒集宋无子虚

此山集二本處州周權此山十卷

存復齋集吴郡朱德潤

僑吴集　處州鄭元祐德明

祥卿集　吴郡郭麟祥卿

海粟集　攸州馮子振海粟

兩峯慚草　黄巖陳德永兩峯

廬陵集　廬陵張昱光弼別署可閒老人

清閟閣集　十二卷四本　無錫倪瓚元鎮號雲林

樵水集　邵武黄清老子肅

藥房樵唱　蘭溪吴景奎文可

樵雲獨唱　金華葉顒景南

存悔齋集　平江龔璛子敬

還山遺稿　奉天楊奐煥然謚文憲

觀光交州等集　台州陳孚剛中

房山集　房山高克恭彥敬謚文簡

知非堂集　臨川何中太虛

詠物詩百首　金陵謝宗可

紫巖集　蘭溪于石介福

清江集新喻傅若金與礪又傳與礪詩集八卷文集十一卷附錄一卷四本又四本

五峯集溫州李孝光季和

青江遺稿義烏金涓道原

柳待制文集二十卷附錄一卷八本柳貫明刊文玉 雨堂舊藏

白雲稿四卷二本許謙

全歸集七卷四本張庸

句曲外史集七卷附錄一卷六本張羽一作張雨世 稱貞居先生

丹邱生稿二本柯九思 丹邱集柯敬仲

經濟文集六卷李士瞻舊鈔本又六卷二本石印
江月松風集十二卷補遺文錄附錄各一卷錢惟善
梧溪集七卷補一卷附周學齋雜錄八本王逢。思補樓校刊
龜巢稿二十卷二十本謝應芳抱經樓藏又龜巢集十卷四本道光間刊
陳定宇文集十七卷六本陳櫟康熙間刊
吳淵穎集十二卷附錄一卷八本吳萊嘉慶間刊
說學齋集十卷雲林集二卷三本危素
圭齋集十五卷附錄一卷十本歐陽元

東白齋稿三十五卷外集一卷十二本陳基舊鈔本

馬石田集十五卷附錄一卷六本馬祖常

栲栳山人集三卷一本岑安卿舊鈔本

甘白先生集六卷六本張沛澤

滄螺集六卷二本孫大雅

還山遺稿二本楊奐舊鈔本

敬鄉集十四卷四本吳師道舊鈔本

畏齋詩集二卷一本程端禮舊鈔本

松鄉先生文集十卷 四本 任士林 光緒間刊

元鹿皮子集四卷 一本 寓樓書室刊

張文忠公歸田類稿二十卷 十本 張養浩 乾隆間刊

安雅堂集十三卷 十二本 陳旅 舊鈔本

續軒渠集十卷 洪希文

竹齋詩集二本 王冕 浙江圖書館本

書林外集 袁彥章 涵芬樓秘笈

金囦集 元淮 以上元 仝上

劉誠意伯文集二十卷十本青田劉基伯温謚文成 雍正開刊又掃葉山房

覆瓿集犁眉公集 劉基

宋學士集三十六卷二十四本宋濂明刊又宋學士全集三十二本明正德刊

宋文憲公集五十三卷二十四本宋濂嘉慶開嶽學刊

青邱詩集注十八卷附鳧藻集五卷高啓文瑞樓本

高太史集十八卷六本高啓季迪又鳳臺吹臺等集

遜志齋集二十四卷二十本方孝孺明刊又七卷七本同治開刊

方正學集十二本方孝孺掃葉山房

文毅集十六卷八本解縉

懷麓堂集一百卷又全集九十八卷四十本 茶陵李之諡文正

篁墩集九十三卷程敏政篁墩

空同集六十六卷慶陽李夢陽天錫諡景文與何大復邊二泉康對山稱弘治四傑

李空同詩集十本掃葉山房

大復山人集三十八卷信陽何景明仲默

華泉集歷城邊貢廷實又邊華泉集文六卷詩八卷 六本明刊

王文成全書三十八卷王守仁又稱陽明全集通行本又掃葉山房本

王文成文鈔八卷八本餘姚王守仁

王陽明三種仝上

儼山集一百卷續集十卷儼山外集三十四卷陸深 明刻本

升菴全集八十一卷外集一百卷遺集十本新都楊慎用修謚文獻

遵巖集二十五卷王慎中

荊川集十二卷八本唐順之又唐荊川集一本掃葉山房

滄溟集三十卷附錄一卷歷城李攀龍于鱗與王世貞謝榛梁有譽宗臣徐中行吳國倫稱七才子又李滄溟集三十卷掃葉山房附錄一卷八本又詩集六本

白雲樓詩集十卷六本李攀龍 嘉慶間刊

弇州山人四部稿一百七十四卷續稿二百七卷太倉王世貞元美

震川文集三十卷別集十卷歸有光

四溟集十卷臨清謝榛茂秦別署四溟山人四本 閒影樓刊

在野集華亭袁凱景文又袁海叟集二本袁凱

眉菴集蜀人楊基孟載

梅雪齋集龍溪林弼元凱

膳部集福清林鴻子羽與高棅陳亮等同時稱閩中十才子

白羊山人集 吴郡張簡仲簡

藍澗詩集六卷二本 崇安藍智

藍山詩集十二卷六本 崇安藍仁靜之

王文忠公集二十四卷二十四本 明刊 退補齋校刊 王褘 又二十卷十本

張楊園先生集五十四卷十六本 張履祥

程巽隱集十二本 崇德程本立原道 雍正開刊

清江集 崇德貝瓊廷琚

西菴集 南海孫蕡仲衍

巢睫集永豐曾棨子啓謚襄敏
嵩陽集山陰劉績孟熙高隱不仕人稱西江先生
白雲樵唱等集閩縣王恭安中
聯珠集鄞登元登謚忠武
避菴集常熟錢曄允輝
翠渠類稿莆田周瑛梁石
浮湘歸田等集吳縣顧璘華玉
有涯集信陽孟洋望之

仲山詩選無錫王問子裕

六如居士全集七卷補一卷八本吳郡唐寅伯虎別著六如居士

唐六如全集七卷賦一卷制藝一卷畫譜三卷外集六卷十二本仝上

唐伯虎全集四本掃葉山房

枝山文集四卷野記四卷祝允明枝山又祝枝山全集四本掃葉山房本

甫田集三十六卷十六本文徵明明刊

沈石田集四本長洲沈周啓南

陶菴詩文集十九卷廿本黄淳耀康熙刊本又黄陶菴集八本掃葉山房

陶菴集 崑山歸子慕季思

練公文集 四本 練子寧 通行本

薛文清集 二十四卷 十二本 薛瑄 明刊

高文毅公集 十一卷 十本 高穀 明刊

姚文敏公集 九卷 補遺一卷 二本 姚夔 漸西村舍刊

王文恪公集 三十六卷 十六本 王鏊 又王震澤全集 二十本 明刊

徐文定公集 四本 徐光啓

鹿忠節公集 二十一卷 六本 定興鹿繼善

楊忠愍公集 四本 楊繼盛 椒山 又四卷 二本

楊忠烈公集 十二本 楊漣

海忠介公集 七卷 詩二卷 八本 海瑞 禁書

盧忠肅公集 十二卷 八本 盧象升 又十本 掃葉山房

熊襄愍公集 十一卷 三十二本 熊廷弼 又十卷 十本 嘉慶開刊

史忠正公集 四卷 附錄一卷 二本 史可法

左忠毅公集 二卷 二本 左光斗

左忠貞公集 十一卷 左懋第 道光開刊

左氏雙忠集 左光斗左懋第

金忠節公集八卷四本金聲

丘文莊公集十卷丘濬 海忠介公集六卷共八本合刊

瓊臺會稿二十四卷八本邱濬

張文忠公全集四十六卷十六本張居正 藤山館校刊 紅樹碧

張太史集四十卷十二本 張江陵詩文集四本 掃葉山房

陳忠裕公全集三十卷年譜二卷十二本陳子龍

覃襄敏公遺集四卷 哀榮錄一卷 三本 譚倫活字本

陶文憲公集　二十卷　六本　陶安道光開刊

蔡忠烈公遺集　四卷　四本　蔡道憲

劉文成公全集　十二卷　八本　明刊　鍾惺評

賜閑堂集　吳縣申時行汝默謚文定

袁中郎全集　二十四卷　十六本　袁宏道　道光開刊

又三十六卷八本

思元堂集　順德歐大任楨伯

海樵集　山陰陳鶴鳴皋

豐對樓集　鄞縣沈明臣嘉則

牧豕集吴縣居節士貞

貽安堂稿八卷續二卷十本伍袁萃 明刊

晉陵金閶等集長洲王稚登百穀

慢亭集閩縣徐熥惟和

景逸詩集無錫高攀龍雲從謚忠憲

小草堂集長樂謝肇淛在杭

問山亭集新城王象春季木

近竹集嘉興沈木子喬別署靜得逸人

白雲草廬稿 青浦陳子龍人中崇禎特殉節死

確菴集 太倉陳瑚言夏

緣波樓詩集十四卷十本 張九一康熙間刊 三韓呂氏穀評

楚游草 長洲施武曾孫

藏山閣稾 桐城錢秉鐙

息壤集三卷一本 趙烱 嘉慶間刊

為可堂集十卷四本 梅里朱一是

徐文長集三十卷八本 徐渭 天啓間刊 又文長三十卷八本

白沙子全集九卷附錄一卷陳獻章 明刊又白沙集九卷六本康熙間刊

蘇平仲集十六卷八本蘇伯衡 退補齋刊

石門集十卷六本石光霽 乾隆間刊

李駕部集七卷二本李時行

竹醉翁集二卷四本顧汝玉 明刊

聖雨齋詩文集十卷附魚篇二卷附一卷六本周拱辰 道光間刊

石洞遺芳集二卷二本郭鐵 退補齋刊

陸敬身集鄞縣陸寶

劉槎翁集十八卷十四本劉楚

游少石集五卷四本建江游漣

心齋稿五卷六本四明李麟

崇相集十九卷十六本閩縣董應舉 謝氏賭棊山莊鈔本 禁書

蠛蠓集五卷五本黎陽盧柟 明刊

鳳池吟稿十卷六本高郵王廣洋

淩溪集十八卷二本朱應登 道光間刊

灼艾集二卷續集二卷別集二卷餘集二卷新集二

卷十本四明萬長

涓聒集二十卷二十四本江陰夏樹芳

鴻苞集四十八卷二十本屠隆赤水　明刊

嗜泉詩存二卷二本李璋

海上老人别集二卷四本喻時　明刊

瑶草園集十一卷吳之鯨

康對山集四十六卷十本康海　明萬曆刊

蓮峯集七卷附錄一卷五本新安葉芬

去僞齋文集 十卷 十本 呂坤

清江詩集 十卷 文三十卷 十六本 貝瓊 燕翼堂本 又四部叢刊本

程巽隱集 二卷 文二卷 二本 程本立 燕翼堂本

茅鹿門集 三十二卷 十六本 茅坤 順甫

月峯先生集 十二卷 十二本 孫鑛 裔孫元耆刊

歸雲別集 七十四卷 二十四本 陳士元

泌園詩文集 三十七卷 十二本 董份

寒支初詩文集 十卷 十本 李世熊 同治間刊

匏翁家藏書七十七卷補遺一卷十二本吳寬石印
正氣堂全集四十四卷三十二本俞大猷道光間刊
楊弘山存稿十二卷十二本楊士雲又鉛印六本
西清閣詩草一卷一本楊承鯤
盧得集一卷二本華貞固
熊士選集一卷一本嘉靖間刊
瑞陽阿集十卷四本江東之
思適齋集四本元和顧廣圻千里

錢永州集 四本 錢芹

張三丰集 十六本

止止堂集 四本 五卷 戚繼光

羅念菴集 十二本 羅洪先 明刊

夢澤集 四本 十七卷 王廷陳 明刊

山帶閣集 六本 朱日藩

陶學士集 二十卷 十二本 陶安 弘治間刊 又陶文憲公全集二十卷 六本 道光間刊

歇菴集 二十卷 八本 陶望齡

十峯集五卷四本雲間徐基

陽秋館集二十三卷八本臨川師機

疑雨集四本王彥泓次回疑雨集注常熟丁秉衡注掃葉山房本

海岱會集十二卷四本石存禮舊抄本

況太守集十六卷補遺一卷四本況鍾

松石齋集三十六卷十一本趙用賢

綠滋館稿九卷附考信篇徵信篇五卷六本吴士奇

九山草堂詩十卷一本柯宏祚

旃風堂偶集 一卷 一本 陸培 錢牧齋序

徐廸功集 六卷 二本 徐禎卿 乾隆間刊

玉茗堂全集 文十六卷 詩十六卷 尺牘六卷 賦六卷

王端毅公文集 六卷 續文集 三卷 南溪詩話前後續

三卷 玩易意見 二卷 石渠意見 四卷 意見拾遺 二卷

意見補缺 一卷 二十四本 王宗貫

王文忠公集 二十四卷 二十四本 王禕

舒文節公全集 內集八卷外集十卷十二本舒芬 又 舒梓溪集內集十卷外集二十二卷仝

夏節愍公集十卷二本夏完淳　嘉慶間刊

吳疎山先生遺集十二卷四本吳悌　同治間刊

奚囊蠹餘二十卷附錄二卷六本張瀚

朱中尉詩集四卷二本朱議霶

丘隅集十九卷四本喬世寧　鉛印本

來禽館集二十九卷十二本邢侗　明刊

石臼集九卷後集七卷六本邢昉　寫刻本

陶元暉遺集二卷附錄一卷二本陶朗先倣宋鉛印

受祺堂正續集　八卷　八本　李因篤

正志稿　十卷　知我軒近說　三卷　五本　林貴兆

樓山堂集　二十六卷　六本　吳應箕　逢原齋本又活字本

髻山文鈔　二卷　二本　宋惕　豫章叢書本

陳學士文集　十八卷　八本　陳儀　蘭雪齋校刊

危太樸詩集　二卷　文集　十卷　六本　危素

落落齋集　六本　李應昇　常州先哲遺書

苑洛集　二十二卷　十本　韓邦奇

聞道集十卷末一卷四本 查鐸

晚聞堂集十六卷五本 余紹祉

標全集八卷八本 王徵 康熙間刊

隱秀軒集六本 鍾惺 鉛印

胡敬齋文集三卷 居業錄四卷六本 胡居仁

葛太史公集五卷 葛曦 葛憲使公集五卷 葛如麟 五本

從野堂存稿八卷外集一卷年譜一卷四本 繆昌期

張龍湖先生文集十四卷四本 張治 寫刻本

方孩未先生集十六卷六本方震孺

幾亭全書二十卷四本陳龍正　清初刻本內分學言及學言詳記

周文忠公集七卷附錄一卷四本周鳳翔　嘉慶間刊

震川先生集三十卷別集十卷十六本歸有光

汶濱蔡先生文集二十卷十本蔡夔

孫文恭公遺書五種二十卷六本孫應鼇　莫氏校刻本

寶綸堂集十卷拾遺一卷八本陳洪綬　章侯別署老蓮

五公山人集十二卷四本李興祖編　康熙間刊

漳浦全集五十卷二十四本　黄道周　又黄漳浦全集十六本　鉛印

黄忠端公全集仝上五十七卷二十四本　乾隆開刊

白谷山人詩鈔附三種　四本　孫傳庭

奇零草十卷二本　張煌言　舊鈔本

朱舜水集十二本　鉛印　以上明

午夢堂集　吴江葉紹袁仲韶

瞿忠宣公集十卷四本　以上明

康對山集　六本　康海

雪交亭集四本明遺民高宇泰舊鈔稿本皆明末遺民小傳及詩文

紅葉村稿六卷明梁逸

重

陳白沙全集十卷附錄一卷古詩教解二卷陳獻章

甫田集三十六卷文徵明　明刊

綠棠吟館書目

北平稚川居士輯著

詩文集類

夏峯先生集十六卷容城孫奇逢字啓泰號鍾元世稱孫徵君從祀孔廟

二曲集二十二卷盩厔李顒字中孚世稱二曲先生又十本掃葉山房

三魚堂文集十二卷外集六卷附錄一卷平湖陸隴其字稼書諡清獻從祀孔廟

三魚堂集六本掃葉山房

張楊園集五十四卷年譜一卷十六本桐鄉張履祥字考夫世稱楊園先生

張楊園全書十六本掃葉山房張楊園全書十二種六本
湯子遺書十卷十本雎州湯斌字孔伯號潛菴謚文正從祀孔廟
潛菴全集十二本
榕村文集四十卷三十本安溪李光地字晉卿謚文貞康熙間刊
榕村詩選八卷二本榕村遺稿二卷李光地雍正間刊
五公山人集新城王餘佑字介祺世稱五公山人隱易州五公山
倭文端公遺書八卷續三卷四本倭仁以上理學家
黄黎洲遺書三十三種二十本餘姚黄宗羲

南雷文定前集十一卷後集四卷詩歷一卷黄宗羲 粵雅堂

叢書八本 南雷文約四卷六本 又鄭性校刻本十本

顧亭林文集六卷崑山顧炎武字寧人又文集六卷餘集一卷四本

亭林十種又補遺十種八本 亭林遺集一本舊鈔本

顧亭林詩文集四本掃葉山房本

船山遺書三百二十四卷二百本凡六十餘種衡陽王夫之字而農號薑齋世稱船山先生

薑齋文集十卷詩集四卷八本王夫之

戴東原集十二卷年譜札記各一卷六本休寧戴震東原 渭南嚴氏刊

曝書亭集八十卷附錄一卷笛漁小稿六卷二十本
曝書亭外稾八卷二本秀水朱彝尊竹垞馮登府輯
曝書亭集箋注二十卷十二本孫銀槎注曝書亭詞注七卷四本李嘉興
李富孫注
結埼亭全集三十八卷經史問答十卷外集五十卷三十六本鄞縣全祖望字謝山乾隆
結埼亭詩集十卷四本慈溪童氏刊
問刊又掃葉山房
西河全集四百九十八卷毛奇齡字大可世稱西河先生蕭山人
西河文集一百三十卷

松皋全集 遂安毛際可鶴舫

上湖分類文編十卷 汪師韓

樊榭山房文集八卷 詩集八卷 詞集二卷 續詩集十卷 錢塘厲鶚樊榭

樊榭山房集三十卷 九本 光緒間刊

樊榭山房全集 五種十二本 厲太鴻全集 十二本

果堂集十二卷 吳中沈彤字冠雲號果堂

南江文鈔四卷 餘姚邵晉涵字與桐又字二雲號南江

抱經堂文集三十四卷 杭州盧文弨字召弓號抱經

道古堂全集文四十八卷詩二十六卷二十本仁和杭世駿堇甫

道古堂詩集二十六卷五本

潛研堂文集五十卷詩集二十卷嘉定錢大昕字曉徵號辛楣又號竹汀

潛研堂全集六十餘種五十四本

春融堂詩文集六十八卷青浦王昶字德甫號述庵世稱蘭泉先生

存悔齋集二十八卷外集四卷十本劉鳳誥道光間刊又

述學內外篇六卷附校勘記江都汪中容甫

校禮堂集三十六卷凌廷堪

東壁遺書三十五種八十八卷大名崔述字武承號東壁
顨軒七種六十卷曲阜孔廣森字衆仲號撝約
拜經堂文集四卷武進臧庸字拜經又拜經堂文集五卷四本影印
經韻樓集十二卷金壇段玉裁字若膺號懋堂
問字堂集五卷岱南閣集五卷五松園文集一卷陽湖
孫星衍字淵如問字堂集六卷四本
卷施閣文甲集十卷乙集十卷更生齋文甲集四卷
乙集二卷陽湖洪亮吉字稚存　掃葉山房

洪北江全集 六十本 洪亮吉 更生齋續集 倪良勳刊

雕菰樓集 二十四卷 甘泉焦循字里堂

復初齋文集 三十五卷 八本 大興翁方綱字覃溪

空山堂集 卷 開刊 滋陽牛運震字階平號空山 雍正

祇平居士集 卷 王元啓

揅經室集 六十卷 十八本 揚州阮元字伯元號雲臺 謚文達

揅經堂詩錄 四卷 二本 儀徵阮元 嘉慶開刊 又五卷 二本 粵雅堂刊

思適齋集 十八卷 元和顧廣圻字千里號澗濱

養素堂文集三十五卷 張澍

鑑止水齋集十二卷 德清許宗彥字積卿又字周生 嘉慶間刊 又廣州繙刻

晚學集八卷詩五卷 曲阜桂馥字冬卉 乾隆間刊

鐵橋漫稿八卷 嚴可均 四本 心矩齋刊

清白士集二十八卷 梁玉繩

七經樓文鈔　卷 蔣湘南

董方立文甲集二卷 董祐誠 董方立遺書之一

左海文集二十卷 陳壽祺

衍石齋記事稿十卷記事續稿十卷錢儀吉

甘泉鄉人稾二十四卷錢泰吉

幼學堂詩集十七卷文集八卷沈欽韓

㞐齋文集二卷張穆

詁經精舍文鈔初集十四卷續集八卷三集　卷

杭州詁經精舍諸生初集刻文選樓叢書内

學海堂初集十六卷二集二十二卷三集二十四卷

廣州學海堂諸生　以上考訂家

壯悔堂集十卷六本睢陽侯方域朝宗

四懷堂詩八卷二本侯朝宗又壯悔堂文集十卷詩六卷六本

寧都三魏集七十二卷魏禮字和公魏禧字永叔魏祥

水田居文集卷賀貽孫

鈍翁類稿一百八十卷長州汪琬字鈍菴號堯峯又續稿五十六卷八本

堯峯文鈔五十卷八本

午亭文編五十卷三十本澤州陳廷敬子瑞（詩集）

湛園集十卷慈溪姜宸英字西溟又字湛園湛園未定稿六卷四本

姜西溟文鈔四卷四本　葦間詩集五卷一本仝上

遂初堂詩文集四十卷二十四本一作三十九卷　吳江潘耒字稼堂

遂初堂詩集十二卷

解春文鈔十二卷補遺二卷詩鈔二卷　馮景　抱經堂叢書內

改亭文集十六卷詩六卷　吳江計東字甫草號改亭　康熙間刊

存硯樓集十六卷　儲大文

鹿洲初集二十卷　漳浦藍鼎元字玉霖號鹿洲　又鹿洲全集二十四本巾箱本

穆堂初稿五十卷十二本　臨川李紱字穆堂

穆堂類稿五十卷續稿五十卷別稿五十卷 仝上

小倉山房文集三十五卷 錢塘袁枚字子才號簡齋

梅崖居士集三十卷建寧朱仕琇字梅崖 乾隆間刊

山木居士集 刊 卷 魯九皋

尊聞居士集八卷羅有高

汪子文錄 卷汪縉

二林居士集二十四卷 十二本 測海集六卷彭紹升長洲人

小峴山人集三十六卷 號遼菴 無錫秦瀛字凌滄一字小峴 乾隆間刊

安吴四種包世臣中衢一勺七卷藝舟雙楫九卷管情三義八卷齊民四術十一卷
龔海峯文集　卷龔景瀚
龔定菴全集文三卷續集四卷補二卷雜詩詞二卷六本又六本仁和龔自珍字定菴
定山堂詩集四十三卷十六本龔自珍
曾文正公文集四卷湘鄉曾國藩字滌生謚文正通行本以上不立宗派古文家
方望溪文集十八卷集外文十卷補遺二卷年譜一卷桐城方苞字靈皐號望溪
方望溪全集三十二卷十六本　方望溪文鈔六卷五本鉛印
劉海峯文集十卷詩十六卷八本桐城劉大櫆字耕南號海峯

惜抱軒文集十六卷後集十卷詩十卷十六本桐城姚鼐字夢穀

劉孟塗集四十四卷文十卷駢體文二卷詩前集十卷後集二十二卷八本桐城劉開字孟塗

太乙舟文集八卷新城陳用光字碩士 又衲被錄

初月樓集 卷宜興吳德旋字仲倫

儀衛堂文集十二卷詩五卷方東樹

東溟文集二十六卷桐城姚瑩字石甫

中復堂大全集二十八卷二十八本公上

柏梘山房集文六十卷詩十五卷上元梅曾亮字伯言又二十五卷八本光緒開刊

管異之文集卷上元管同字異之又詩文合鈔道光間刊以上桐城派古文家

大雲山房初集八卷言事二卷二集四卷武進惲敬字簡堂

大雲山房集八本掃葉山房

茗柯文編五卷武進張惠言字臯文

養一齋文集二十六卷武進李兆洛字申耆

崇百藥齋集二十卷續集四卷陽湖陸繼輅

齊物論齋文集六卷武進董士錫字晉卿以上陽湖派古文家

湖海樓集五十卷二十四本宜興陳維崧字其年號迦陵

湖海樓全集文十卷詩八卷詞八卷篋衍集十卷四本仝

三十卷十二本　上

林蕙堂集二十六卷江都吳綺字園次號聽翁

石笥山房文集六卷補遺一卷詩集十二卷山陰胡

天游字稚威

玉芝堂文集六卷詩三卷邵齊燾

綠蘿山莊四六　胡浚

小倉山房外集八卷袁枚　錢塘

儀鄭堂駢體文二卷孔廣森

述學外篇　汪中

知足齋集 卷大興朱珪字石君號南崖謚文正

問字堂外集駢文 孫星衍

卷施閣乙集十卷更生齋乙集二卷洪亮吉

芙蓉山館集 卷詩八卷補遺一卷無錫楊芳燦字蓉裳

有正味齋集七十三卷十二本錢塘吳錫麒字穀人

有正味齋駢文

尚絅堂集文二卷詩五十二卷詞二卷陽湖劉嗣綰字醇甫

尚絅堂全集五十三卷八本 掃葉山房

小謨觴館集文四卷詩八卷詩餘一卷續集文二卷詩二卷彭兆蓀

小謨觴館全集十六卷詩注孫元培注十六卷十二本彭兆蓀

賞雨茅屋集二十二卷駢體文二卷南城曾燠字賓谷

夕葵書屋集卷全椒吳鼒字抑菴嘉慶間刊

移華館駢體文四卷董基誠董佑誠別刻又附董方立遺書內以上駢體文集家

魏叔子文集十二卷四本魏冰叔禧廣益書局

南阜山人詩集類稿七卷二本膠州高鳳翰字西園號南村自號南阜老人雍正間刊

曹楝亭詩鈔六卷千山曹寅寫刻本

邵子湘全集三種 三十卷 毘陵邵長蘅青門

朱布衣詩選 一本 平湖朱錫山 咸豐間刊

善卷堂集六十卷 武進陸繁弨

沈蓮溪全集 足本十七本 秀水沈濂

覆瓿草二卷 一本 平湖劉其清

印雪軒詩鈔 十六卷 四本 德清俞鴻漸 俞樾校刊

陸雲士全集 十四本 錢塘陸次雲

熊學士詩文集 三卷 漢陽熊伯龍 康熙間刊

穀貽堂文集 漢陽熊伯龍次侯

佳山堂集 益陽馮溥易齋

淮南集 晉江施世綸文賢

含經堂集 崑山徐元文立齋

有可堂集 嘉興朱一是進修

獨善堂文集八卷四本 東臺王大經備表

清吟堂集九卷附神功聖德詩一卷四本 錢塘高士奇江村

苑西集三本 高江村

隨輦集十卷續一卷 高江村

寒松堂集十二卷年譜一卷十二本蔚州魏象樞庸齋

篤素堂文集桐城張英字樂圃謚文端

桐城張氏兩相國集四本張英　張廷玉

五嶽集二十卷十本桑調元弢甫　雍正間刊

正誼堂文集十二卷續集八卷儀封張伯行字敬庵
諡清恪　康熙間刊

又四十卷附錄
二卷二十本

二希堂文集十二卷六本梁山蔡世遠字之謚文勤

臨野堂集六種十六本吳江鈕琇玉樵

叢碧山房集　任邱龐塏霽公號雲崖

尤西堂全集　十六本　長洲尤侗字展成又　鶴栖堂文集仝

李笠翁全集　十六卷　十六本　湖上李漁

白華堂文集　二卷　詩八卷　外集二卷　王焯

西林遺稿　六卷　十本　長白鄂爾泰字毅菴

崑崙山房集　淄川張篤慶字歷友

甌香館集　十二卷　補遺附錄　卷　四本　武進惲格字壽平別號南田老人

范忠貞公全集　六卷　二本　范承謨

寶綸堂集八本諸暨陳洪綬字章侯別號老蓮居士

寶綸堂文鈔八卷四本天台齊召南字瓊臺

養一齋全集二十卷十本武進李兆洛 又詩集四卷詩餘一卷二本

養一齋全集二十四本山陽潘德輿 又十卷四本 匣行本

培遠堂存稿四十卷二十四本臨桂陳宏謀字榕門 雍正間刊

竹素園集長洲許廷鑅字子遜

香樹齋全集二十四本嘉興錢陳羣字香樹 康熙間刊

含中集李鍇字鐵君號豸青山人漢軍旗籍人

何義門集　四本　十二卷　長洲何焯字茶仙世稱義門先生

守閑堂集又課耕樓集刊　遂寧呂潛字半隱　順治間

渝溪集　新建徐世溥字巨源　仝上

抱經齋集　二十卷　秀水徐嘉炎字華隱　仝上

約齋集　孫博雅字君僑　康熙間刊

愛日堂集　海寧陳元龍諡文簡　康熙間刊

愛日堂集　仁和趙殿昂字谷林　乾隆年間刊

省軒集　仁和柴紹字虎臣

白雲草堂集　山陽邱象升字曙棫　順治間刊

秋水集二卷　無錫嚴繩孫字蓀友　康熙間刊

邵青門全集十二本　武進邵長蘅字子湘　仝上

海日堂集四本　南海程可則字石耀　順治間刊

白雲集　鄞縣萬斯選字公擇　仝上

隰西堂集　萬壽祺　仝上

薑園蛩吟等集　成都岳鍾琪字蓉齋

已畦文集二十卷詩集十卷　吳江葉燮字已畦　康熙間刊

飴山文集十卷詩集 卷六本 益都趙執信秋谷

道援堂詩集十三卷八本 番禺屈大均字翁山又翁山詩存又翁山詩外二十卷八本 鉛印

靈芬館全集四十本 郭麐 靈芬館詩續集九卷二本

授經堂全集 二百二十二卷八十四本 陽湖洪亮吉 字稚存號北江

勉行堂詩集二十四卷十二本 歙縣程晉芳字魚門 號蕺園

凝齋先生遺集十卷附錄一 新城陳道紹洙 乾隆間刊

留春草堂集 伊秉綬字墨卿 乾隆間刊

笥河文集 大興朱筠字竹君 仝上

洪古氏生

淨名軒集　長洲吳泰來字竹嶼　仝上

裘文達公詩集　六卷　八本　新建裘日修字叔度　仝上

有竹居集　興化任兆麟字心齋　仝上

思補堂集　武進劉星煒字圃山　仝上

西澗草堂全集　仝上　四本　長樂陳觀字伊蒿一字懷庭

韞山堂詩文集　武進管世銘字韞山　仝上

傒鯖集　十卷　四本　臨川李友棠　李穆堂之孫

清塵山房集　定興王太岳字芥子

梅村集四十卷八本吳偉業梅村　順治間刊

吳翌鳳注

吳梅村詩箋注十二卷詩餘一卷詩話一卷鶴門程穆衡箋八本掃葉山房

吳詩集覽二十卷談藪一卷十六本黎城靳榮藩注乾隆間刊文二十本掃葉山房

初學集一百卷有學集五十一卷錢謙益牧齋康熙間刊常熟人又文鈔四季

呂晚村詩集四本呂留良掃葉山房

學餘堂文集二十八卷詩集五十卷外集二卷宣城施閏章愚山

施愚山全集詩五十卷文二十八卷年譜四卷別錄四卷外集二卷施氏家風述畧隨村遺

集六卷曹
廷棟刊

變雅堂集 五卷 黄岡杜濬茶村 一作十卷

帶經堂集 九十二卷 新城王士禛號阮亭別號漁洋山人

漁洋山人三十八種

漁洋山人精華錄訓纂 十卷 惠棟注

漁洋詩集 廿二卷 四本 精華錄箋注 十二卷 六本

蠶尾集十卷 續二卷 六本 王漁洋

安雅堂詩集拾遺文 萊陽宋琬荔裳

松桂堂全集三十七卷　延露詞三卷　南淮集三卷　六

本　海鹽彭孫遹羨門　彭羨門全集　十本　掃葉山房

西陂類稿三十九卷　商丘宋犖牧仲　綿津詩鈔八卷　仝上

古懽堂集三十六卷　德州田雯字紫綸　又田山薑集　二十一卷十二本　仝上

賴古堂詩四卷六本　周亮工　從結鄰集十六卷八本　周亮工

蓮洋集十二卷補遺十二本　漁洋校刊　河中吳雯字天章　王

秋笳集八卷四本　吳江吳兆騫漢槎

天延閣詩集　宣城梅清瞿山

坐嘯軒集 蘧鹿崔如岳青峙

方舟集 錢塘方用濟方舟

霜楓龕集 八本 青主 太原傅山 鈔本 又二本

馮定遠集 十一卷 馮班字定遠號鈍吟

溉堂詩集 二十三卷 三原孫枝蔚字豹文

馮舍人遺詩 六卷 馮廷櫆字大本

敬業堂集 五十卷 六本 海寧查慎行初白

查浦詩鈔 海寧查嗣瑮字德尹初白之弟

重

靜惕堂集 卷 嘉興曹溶秋岳

蒼峴山人詩文集 卷 奉 松齡

賴古堂集 卷 周亮工櫟園

田間詩鈔 卷 桐城錢秉鐙幼光

石臼詩鈔、 卷 高淳邢昉石湖

檗子詩集 卷 上元紀映鍾憨叟

金山詩集 卷 桐城方文爾止

舟車詩鈔 卷 寶應陶澂季深

託素齋詩集 卷 長洲黎士宏媿曾

采山堂詩集　卷　嘉興周篔青士
滄園詩鈔　卷　崑山徐乾學健菴
憩山詩鈔　卷　永年申涵光鳧盟　以上十餘家皆清初人
梅菴詩鈔　卷　鐵保
尹文端公詩集　十卷　章佳尹繼善
鑀欲亭集　四十四卷　祁寯藻
張文襄公詩集　卷　張之洞　掃葉山房
唐唐集　五卷　補遺二卷　續八卷　冬錄一卷　華亭董之
唐唐另有香唐集　係集唐人句為香奩體
查浦詩鈔　十二卷　海寧查嗣瑮　康熙間寫刻
左文襄公全集　百二十本　左宗棠　湖南刊

小倉山房文集三十卷八本 錢塘袁枚字子才號簡齋

隨園詩文集 十二本 掃葉山房

隨園三十六種 五十本 隨園三十八種 四十本 掃葉山房

袁文箋正 十六卷 補遺一卷 六本 石韞玉箋

忠雅堂文集 十二卷 十二本 鉛山蔣士銓字心餘號苕生

忠雅堂詩文詞典四六全集 二十八本 仝上

趙甌北全集七種 四十八本 陽湖趙翼字雲松

甌北詩鈔 八本 掃葉山房

洪吉氏書

童山詩集　綿州李調元字雨村

石笥山房全集文六卷詩十二卷八本山陰胡天游
字稚存號雲持

兩當軒集二十二卷攷異二卷附錄四卷六本武進
黃景仁字仲則

兩當軒集十四卷　悔存詞二卷二本仝上

船山詩草二十卷八本遂寧　又八本掃葉山房
張問陶字船山

金冬心詩集四本錢塘金農字壽門號冬心　掃葉
山房

冬心續集十卷一本揚州羅聘編

瓶水齋集詩十四卷詩話一卷別集二卷八本大興
舒位字立人　掃葉山房

王夢樓詩集二十四卷八本丹徒王文治夢樓　又夢樓詩鈔二本

紀文達公集文集十六卷詩集十二卷十二本河間紀昀字曉嵐謚文達

鄭板橋集四本興化鄭燮字板橋

錢南園集二本昆明錢灃字南園

夢餘詩鈔二卷二本山陰邵颿

退谷詩鈔湘潭張九鐔字橋洲

漱石園詩集湘潭張九鍵字石園橋洲之弟

詒晉齋集六本成親王　通行本

洪吉紙

天真閣全集五十四卷別集六卷八本昭文孫原湘字子瀟
沈歸愚全集二十本長洲沈德潛字歸愚
香葉草堂詩存一本揚州羅聘字兩峯
存素堂稿蒙古法式善字時帆
聽松廬詩文鈔番禺張維屏字南山道光間刊
雅雨堂集六卷七本盧見曾
琳瑯集十卷八本無錫鄒一桂
二樹詩畧五卷二本會稽童鈺別號二樹山人

松風閣集二十六卷八本長洲彭蘊章又彭文敬公全集四十二卷十二本仝上

邃雅堂文集歸安姚文田字秋農嘉慶間刊

印心石屋集二本安化陶澍字雲汀謚文毅嘉慶間刊

烟霞萬古樓集二本秀水王曇仲瞿

吳學士集文四卷詩五卷六本吳山尊

香蘇山館詩鈔三十六卷十二本東鄉吳嵩梁字蘭雪

苑委山房集嘉定曹仁虎字殷來

頻羅菴遺集十本錢塘梁同書字山舟乾隆間刊

西齋集太倉吳璟字元朗吳梅村子

二知軒詩鈔十四卷續鈔四卷文八卷十二本方濬頤字定遠

師友集福州梁章鉅

古徽堂集內三卷外七卷四本邵陽魏源字默深嘉慶間刊

趙忠節公遺墨一本歸安趙景賢字竹生謚忠節同治間殉難

秣陵集二本陳文述掃葉山房

碧城仙館詩陳文述

琴隱園詩集三十六卷詞四卷八本武進湯貽芬字雨生謚貞愍咸豐年刊

畫梅樓詩集全

林文忠公集　福建林則徐少穆諡文忠

曾文正公詩文集　四本　湘鄉曾國藩滌生諡文正

曾文正公全集七十二本　掃葉山房本

曾惠敏公集十六卷　曾紀澤文正子　排字本

胡文忠公集一百十六卷三十二本　益陽胡林翼潤芝

左季高文集　湘陰左宗棠季高諡文襄又左文襄公全集百二十本

左侯雜著　仝上

江忠烈公遺集　六本　江忠源

羅忠節公集八卷湘鄉羅澤南仲岳

李文忠公集合肥李鴻章少荃又全集百本

攜雪堂文集四本吳可讀柳堂浙江圖書館本又吳柳堂誄文

倭文端公遺書十三卷倭仁又八卷續三卷四本

蘅華館詩錄吳郡王韜別署天南遯叟四卷申報館本

周武壯公遺集十四卷十本合肥周盛傳新如

郭侍郎全集二十本郭嵩燾

劉武慎公遺書二十八本劉坤一

瑞芍軒詩鈔四卷仁和許乃穀
龍岡山人文鈔十卷二本黄岡洪良品
袁忠節公遺詩一本袁昶爽秋又漸西村人集
散原精舍詩集二本義寧陳伯嚴
石遺室詩集三卷一本侯官陳衍
湘綺樓全集十六本湘鄉王闓運壬秋又文集四本又詩集四本掃葉山房本
顯志堂集十二卷四本吳縣馮桂芬又八卷崇祀錄一卷六本
庸菴文編十種十本薛福成

賓萌集 五卷 一本 德清俞樾曲園

春在堂雜文 二卷 續五卷 三編四卷 五本 仝上

桐城吳先生全集 桐城吳汝綸摯甫十七本又吳摯甫詩集一本

椒生詩草 六卷 二本 清泉王之春

瓶廬詩鈔 六卷常熟翁同龢 樂章賸草 翁琳孫 二本 鉛印

濤園詩集 二本 侯官沈瑜慶

張文襄公詩集 南皮張之洞香濤

鬱華閣遺集 一卷 宗室盛昱伯熙 有正書局本

一山文存十二卷四本海南章梫又一李銘印

章太炎文集餘姚章炳麟太炎又太炎文錄二卷別錄三卷補一卷五本

白華絳附閣詩集六本會稽李慈銘

水竹村集十二卷目錄一卷四本天津徐世昌菊人

康南海文集南海康有為又康梁詩鈔四本康有為梁起超

飲冰室文集二本新會梁起超任公

張季子詩集二本南通張謇季直掃葉山房本

畏廬文集續集三集詩存四本侯官林紓琴南

林巖合鈔 四卷四本 侯官林琴南嚴幾道

海藏樓詩集 侯官鄭孝胥蘇龕 一本 掃葉山房本

藏園詩鈔 一本 新化游智開

梁節菴詩 二本 廣東梁鼎芬

石蓮闇詩 二本 吳重熹

戊戌六君子詩 六本 譚嗣同 林旭 楊銳 劉光
第 楊深秀 康廣仁 商務印書館

樊山全集 十八本 樊增祥樊山 恩施人

魂西集 易順鼎實甫

花近樓詩存 十五卷 陳夔龍小石

也是集 一本 北平英華斂之

面城精舍雜文 一卷 一本 羅振玉

止園集 蜀尹昌衡

師正集 六卷 四本 昭文孫同康師正 木板活字本

藝風堂文集 八卷 四本 江陰繆荃孫

儀顧堂集 廿卷 六本 陸心源

又題跋 十六卷 續題跋 十六卷 陸心源

許竹篔先生出使函稿十四卷四本 許景澄 鉛印

墨花香館詩存八卷 長白慶康

古鉢集 新城王士祜字東亭王漁洋之弟

楚游草 河南黃甲雲字唱韓 順治間刊

世恩堂集 華亭王項齡字顓士 康熙間刊

艾納山房集 華亭王九齡字武文 仝上

櫻花館集 盩厔路德字潤生 嘉慶間刊

槿雲山人集 華亭王鴻緒字季友

道福堂詩集二本吴縣雷浚
西湖漁唱七卷二本許承祖
思亭偶存詩一卷一本吴修
尊聞居士集八卷二本羅有高
去來吟一本李時震
東望閣詩鈔十四卷二本查照彝
巽齋詩草十卷二本曹鼎威
介石堂詩草十卷十本郭起元

待月樓詩草　一卷　一本　孫映櫆
茹古閣遺集　一卷　一本　李三才
春橋草堂集　八卷　二本　朱方靄
寶硯齋詩集　八卷　二本　戚芸生
荻灘詩稿　十二卷　二本　謝鴻
慎獨齋文集　八卷　四本　劉青霞
小萬卷齋經進稿　四卷　續四卷　四本　朱珔
詠花軒遺稿　三卷　一本　方樹

南村集 長洲吴廷楨字山倫

南村集 潘高字孟升

經笥堂集 甯化雷鋐字翠庭

東江詩鈔 太倉唐孫華字實君

秋錦山房集 十卷四本 黃武曾

心知堂詩稿 十八卷四本 汪仲洋

强恕齋文集 一卷一本 李道融

嘯月樓詩錄 二十卷四本 王鴻

洪吉氏[illegible]

倚石吟一卷一本吴法
古梅溪館二集詩八卷三本汪樹
金源記事詩八卷四本楊運泰
春郊詩集四卷一本徐識
譙興菴文鈔二卷一本孫世均
沈文忠公集十卷四本沈兆霖
魏稼詩全集六本魏錫曾
小匏菴詩存八卷四本吴仰賢

晦明軒稿 一卷 一本 楊守敬

味華雲館詩 六卷 一本 高廷煥

默菴集 十卷 三本 王舟瑶 排印本

苔岑初二集 四十四卷 二十四本 王鳴盛

漱芳居集文鈔 八卷 二集 八卷 八本 趙青藜

在陸草堂文集 六卷 六本 宜興儲同人

綠雪堂遺集 二十卷 八本 會稽王衍梅

述菴詩鈔 四本 青浦王昶字德甫

重

思綺堂文集十卷十本錢塘章藻功字豈績

嘯古堂文集八卷二本寶山蔣敦復

午亭文編五十卷三十本澤州陳廷敬

巢雲書屋集歙安陸師字麟度

雙泉堂集吳縣繆彤

經韻樓文集金壇段玉裁字懋堂　乾隆間刊

匡菴集溧陽馬世俊甸臣　順治間刊

海鶴堂集長洲褚篆字蒼書　康熙間刊

厲廉洲詩全集四本 儀徵厲茶心

友竹堂文集二本 蔣慶第

存素堂集十四卷十三本 太倉錢寶琛

虛受堂文集十六卷四本 長沙王先謙

復堂類稿十一卷文四卷詞三卷日記八卷六本 杭州譚獻仲

青草堂集十二卷二集十六卷十本 豐潤趙國華

螢芝集二卷一本 金壇張公亮 禁書

敦艮吉齋文存四卷詩存二卷六本 合肥徐西叔

洪吉紙莊

寒崖近稿二卷二本新建陳弘緒

匏園詩集三十六卷六本蕭山來子閌

黄葉山樵詩集四卷江南春雜體文四卷二本江璧甘泉

萬山草堂詩集六卷二本衡山李登雲

金峨山館文集四本四明郭傳

鄒太史文集八卷六本安成鄒德溥

五是堂詩集八卷四本鎮洋顧容堂

大鶴山人集十三卷六本端木國瑚

娛老集二卷 二李元和袁文漪

春凫集 錢塘符曾幼魯 乾隆間刊

賜書樓集 順德胡亦常寄甫

十二硯齋詩集 蘇州文柟慨菴 康熙間刊

百一山房集 仁和孫士毅字補山 乾隆間刊

鐙菴集 錢塘孫治字宇台 仝上

方雪齋集 靈石何道生字立之 仝上

澹菴集十卷 張縉字尚若 康熙間刊

洪吉氏誌

雲腴山房集　道州何凌漢字雲門　嘉慶間刊

千竿草堂集　休寧程功字柯亭

賜書堂集　會稽周長發字蘭坡

寒松閣集　詩六卷詞四卷四本　嘉興張鳴珂

豫齋集　二卷二本　山陰方伯舒

鶴天鯨海焚餘稿　六卷四本　海鹽朱頤正甫著

小不其齋集　五卷四本　烏程徐有珂

繼雅堂集　三十四卷六本　鄞縣陳餘山

心安隱室詩集九卷 詞四卷 十本 儀徵詹肇堂

植菴集 廿卷 十本 丹徒李子新

退補齋文存 十二卷 四本 永康胡月樵

敦拙堂集 十二卷 題詞一卷 四本 紫桑陳東浦

薰公度詩箋 鉛印 三卷 一本 古直 一名人境廬詩箋

海棠仙館詩集 二十三卷 詩餘（魯）一卷 八本 李醴泉宋伯

定山堂全集 五十六卷 淮南龔鼎孳 又三十二芙蓉齋詩集 合肥龔鼎孳芝麓著

讀雪山房詩鈔 三十四卷 武進管世銘

妙吉祥室詩鈔十三卷詩餘一卷四本海鹽朱葵之

天鑒堂集二卷一本仁和沈位山

紅茗山房詩集二本滇南嚴琅

勁香窩詩鈔四卷一本震澤徐作梅

紅藥山房遺稿四卷續一卷四本寶山鍾增齡

賜墨齋詩集二卷詞一卷二本金山姚念曾

潛修軒集一卷一本三韓佟世祐

大小雅堂詩集附冰蠶詞二本承齡

綠棠吟館書目

集部二

綠棠吟館書目

北平稚川居士輯著

詩文詞集總類

文總類

昭明文選 六十卷 六十本 李善注 胡刻 李

又 二十本 明崔氏刻 又 二十本 明唐藩覆 李

文選殘本 一本 傅氏刊 文選集評 十六卷 十六本 全

文選瀹注 十六本 明張鳳翼

文選旁證 四十六卷 十二本 福州梁章鉅茝卿

文選類詁 一本 丁福保編

古文苑 九卷 四本 宋章樵注 又古文苑二十一卷 四本 宋章樵注

續古文苑 二十卷 六本 孫星衍 掃葉山房

古文翼 八卷 八本 唐德宜

古文審 八卷 二本 劉心源

古文淵鑒 四卷 二十四本 康熙御選奉敕編

古文約選 四川本 十二本 又八本 果親王府刊

古文釋義八本

古文觀止八本李光明

古文雅正十四卷六本蔡世遠輯

古文喈鳳

古文合評

古文關鍵二卷二本吕東萊

古文集評四集

古文賞音十二卷六本長洲謝有輝

洪吉氏箋

古文析義 十二本 晉安林雲銘評註 掃葉山房

古文筆法 四本

古文六種 十二本 掃葉山房

古文小品 二本 仝上

古文外品

古文未有集

古文易知錄

古文奇賞彙編 十二集

古文詞類纂七十四卷八本桐城姚鼐

續集二十八卷十二本黎庶昌刊

古今文致十二本明劉士鏻撰

古今文綜四十本掃葉山房

秦漢文鈔六卷六本明閔刻本

西漢文選四本儲欣評西漢文紀二十四卷梅鼎祚撰四本明

西漢文鑑二十一卷十本明慎獨齋刊

東漢文鑑二十卷八本仝上

洪吉氏言

兩漢鴻文 二十卷 十本 明顧瑞屏評選

漢魏六朝名家集 三十二本 又四十家 掃葉山房

漢魏六朝百三家集題詞 二卷二本 明太倉張溥撰 海昌顧茂才校刊

漢魏百三名家集 二十四本 汲古閣刊

三國文紀 廿四卷 十本 明梅鼎祚編

南北朝文鈔

六朝文絜 四卷四本 海昌許槤評選

初唐四傑文集 王勃 楊炯 盧照鄰 駱賓王 十本 同治間刊

全唐文 千卷 三百本

唐文粹一百卷二十四本宋姚鉉編　明刊
唐文粹補遺二十六卷四本嘉慶間刊
唐宋文醇五十八卷二十本
宋文鑑一百五十卷二十本呂祖謙宋刊
南宋文範七十卷十六本莊仲芳編
南宋文錄六本董兆熊宋文選三十卷十八本梁溪
金文雅十六卷六本莊仲芳編
金文最一百二十卷二十四本張金吾

洪吉抵

遼文存六卷附錄二卷二本繆荃孫輯

元文類七十卷目錄三卷十本元蘇天爵編

明文在十本薛熙編

皇明文苑六十八卷四十二本明四明張時徹刊

皇朝文典七十四卷十六本李兆洛

國朝文錄八十二卷二十四本姚春木輯

國朝文徵四十卷四十本吳翌鳳輯

國朝文類七十卷二十本四部叢刊本

皇朝經世文編一百二十卷八十本善化賀長齡

八旗文經 六十卷十二本 盛昱楊宗羲仝編

文章練要 五本 王源

才子古文 八本 金聖歎批 掃葉山房

文章正宗 二十卷二十四本 宋真德秀 明刊 又文章正宗選要四卷四本 明刊

文章精義 宋李耆卿 文則 元陳繹曾 一本 抄本

文章軌範 七卷四本 雲間張芳孫校刊

文章正論 二十卷二十本 明劉祜選 明刊

唐宋八大家文鈔 六十本 明茅坤評選 明刊

共吉紙店

精選八大家古文　六本　呂留良

唐宋十大家文全集　四十本　宜興儲欣評

唐宋八大家類選　十四卷八本　仝上

唐宋八大家古文　六本　沈德潛　掃葉山房

歷朝駢體文鈔　抱芳閣本

唐駢體文鈔　仝上

皇朝駢體文鈔　仝上　李兆洛

國朝駢體正宗　六本　陳維崧

宋四六選二十四卷十二本曹振鏞

四六宙函三十卷八本李自榮

四六法海八卷八本蔣心餘

八家四六文注八卷八本侯官許貞幹

四六標準四十卷十六本宋李劉明孫雲翼箋

常州駢體文三十一卷十二本

歷代賦彙百四十卷四十八卷陳元龍殿本

六朝唐賦二卷二本會稽馬傳庚選

共吉紙店

賦彙錄要二十八卷十二本 秀水吳光

賦學指南十六卷四本 余丙照

賦學正鵠十卷五本

四六叢話三十三卷 選詩叢話十八卷十本

七十家賦鈔六卷四本 武進張惠言

湖海文傳七十卷十六本 青浦王昶

文心雕龍十卷一本 梁劉勰 明嘉靖刊 商務鉛

皇明文衡一百卷目錄二卷 明程敏政 明刊 仝上

詩總類

古詩選十二本三十二卷王漁洋

古詩錄十二卷四本陽湖張琦

古詩源四本沈德潛

古詩紀四集

古詩箋十七卷十六本明閩人侯箋通行本

古詩十九首說一本朱笥河嘯園校刊

古謠諺二十本杜文瀾輯

樂府詩解十六本

樂府雅詞三卷拾遺二卷宋曾慥商務

欽定全唐詩九百卷四十本康熙間刊
全唐詩鈔八十卷二十本吴城儀編
全唐詩掃葉山房
唐詩類苑二百卷六十四本明張三象刊
唐詩類釋十九卷六本漢陽臧岳
唐詩捃藻八卷八本高士奇
唐詩别裁二十卷六本
唐詩全粉十卷四本歸安沈炳震

唐詩正聲二十二卷八本 明高棅編選
唐詩品彙二十本
唐詩合解八本
唐詩三百首八本
唐詩三百首切評六卷四本
漢唐詩箋前後集二十卷朱禮
古唐詩歸十五卷十本鍾惺伯選
百家唐詩六十四本

共吉紙莊

唐人五十家小集 二十四本

唐四家詩

唐人詩鈔 三十六卷 十六本 平原朱琰 鈔本

十種唐詩選 四本 王漁洋

唐賢三昧集 二本 仝上 唐賢三昧集箋注 三卷 三本

唐人萬首絕句 仝上

聖歎批唐詩 有正書局

唐詩叩彈集 十二卷 續三卷 杜詔

晚唐詩鈔 二十六卷 四本 查克弘等選

才調集 四本 蜀韋縠集

大歷詩畧 二本 喬億輯

唐詩鼓吹 十卷 四本 金元好問撰

宋詩鈔 一百六卷 三十二本 共四集 吴之振刋

宋詩畧 四本 汪景龍 姚壎同輯

宋五十六家詩集 六本

宋二十家集 十六本

共吉紙店

宋四名家詩鈔八本周之麟選　蘇黃范陸

南北宋人集四本李之鼎刊

中州集十二本金元好問輯

全金詩七十二卷殿本

金詩選四卷二本無錫顧顧養吾

元詩選十本長洲顧俠君選　秀野草堂刊共三集

元詩選癸集十六本席世臣補刊本

元四家詩集　滄螺集　十六本影印　石田集　此山集　閒生續

明詩綜

明人詩鈔 十四卷附續十四卷 十本 朱琰

明詩別裁 十二卷 二本 沈德潛

明三十家詩選 八本 汪端

梁園風雅集 十八本 明汪元苑輯明人詩

列朝詩集附閏集 三十本 錢牧齋

明末四百家遺民詩 有正書局

國朝六家詩鈔 六本 宋荔裳 施愚山 王阮亭 趙秋谷 朱竹垞 查初白

國朝詩別裁 十八本 沈德潛

國朝山左詩鈔 六十卷 二十本 盧見曾

國朝山左詩補鈔 四卷 一本 張鵬展

熙朝雅頌集 奉敕編 一百二卷 餘集二卷 十三本 鐵保等

國朝詩鐸 二十六卷 同治間刊 十四本 錢塘張應昌

現代十家詩鈔 蔣觀雲 王壬秋 康長素 樊〻山 易實甫 梁任公 陳伯嚴

鄭蘇戡 劉申叔 章太炎 中華書局本

正續近人詩錄 四本 雷君曜輯 掃葉山房

漢魏六朝詩選八卷 四本 延陵李夫一選

歷朝詩選 廿四本 劉大櫆

欽定詠物詩選 六十四本

歷朝詠物詩選 四本 俞琰輯

欽定歷代題畫詩類 二十八本

宋金元明四朝詩 十六集

五朝詩別裁 三十二本 唐宋元明清

看詩隨錄 四套 由古至清

洪吉氏

江左十五子詩選 六本 宋犖

全漢三國晉南北朝詩 二十本 丁福保編

湖海詩傳 四十卷 十六本 王昶輯

國朝詩人徵略 六十卷 十四本 番禺張維屏

百美新詠 六本 袁枚

百美新詠 二本 粵東顏希源 女史百詠 二本

香屑集 十八卷 四本 黃唐堂集唐詩香奩體 掃葉山房

玉臺新詠 十卷 東海徐孝穆 艷體 玉臺新箋注 吳兆宜注

二三家宮詞 一本 明東吳毛晉輯

十家宮詞 十二卷 朱彝尊編載王建花蕊等十家

宮詞紀事 一本 明大鶴山人

啓禎宮詞 二卷 秦蘭徵王譽昌同刊

歷代宮詞 三卷 虞山馮登瀛

全史宮詞 二十卷 樂亭史夢蘭

古樂府 十卷 六本 元左克能 明刊

樂府古題要解 一本 唐吳兢

樂府題解　一卷　巾箱本

遺山樂府　一卷　元好問　中州樂府　一卷　仁和吳仰臣

南宋樂府　一本　會稽章季英　刻

陶情樂府　四卷　明楊慎　樂府雜錄　一卷　唐段安節

定峯樂府　十卷　江陰沙張白

古樂苑　五十二卷　衍錄　三卷　三十二本　明梅鼎祚

樂府詩集　本　一百卷　二十四本　宋郭茂倩編　汲古閣

漢鐃歌釋文箋正　一本　長沙王先謙

三布衣詩存　一本　鈕樹玉　徐鋆　張紹松

西泠五布衣集　八本

海上吟　江東位俠集吳梅村詩句成申江雜感一百首　掃葉山房本

唐詩艷逸品四種　四本　名媛集　觀妓集　香奩集　名花集　閔氏刊

詩話類

觀林詩話 宋聿吳 墨海金壺本

誠齋詩話 宋楊萬里

庚溪詩話 宋巖肖

草堂詩話 宋蔡夢弼

優古堂詩話 宋吳幵

艇齋詩話 宋曾季貍 二本 木活字本

藏海詩話 宋吳可

洪吉氏造

砦溪詩話 宋黃徹
歲寒堂詩話 宋張戒 二本
娛書堂詩話 宋趙與虤
滹南詩話 金王若虛
梅礀詩話 元韋居安
吳禮部詩話 元吳師道
升菴詩話 明楊慎
四溟詩話 明謝榛

歸田詩話 明瞿佑存齋

逸老堂詩話 明都穆

懷麓堂詩話 明李東陽

全唐詩話 宋尤袤 六卷六本 明鈔 嘉定繆氏藏 又全唐詩話續編 孫濤 見清詩話內

六一詩話 宋歐陽修

續詩話 宋司馬光

中山詩話 宋劉攽

後山詩話 宋陳師道 一本

洪吉氏

臨漢隱居詩話　宋魏泰

竹坡詩話　宋周紫芝

紫薇詩話　宋呂本中

彥周詩話　宋許顗　一卷一本

石林詩話　宋葉少蘊

珊瑚鉤詩話　宋張表臣

二老堂詩話　宋周必大

白石詩話　宋姜夔

滄浪詩話 宋嚴羽

存餘堂詩話 明朱承爵

夷白齋詩話 明顧明慶

後村詩話 前集二卷後集六卷新集六卷八卷宋劉克莊

風月堂詩話 二卷 宋朱弁 寶顏堂秘笈

詩品 梁鍾嶸

詩式 唐釋皎然

二十四詩品 唐司空圖

異吉紙店

唐子西文録　宋強幼安
韻語陽秋　宋葛立方
山房隨筆　元蔣正子
詩法家數　元楊載
對床夜語　宋范晞文
江西詩派小序　宋劉克莊
藝苑卮言　明王世貞
國雅品　明顧起編

木天禁語 元范梈

詩學禁臠 元范梈

談藝錄 明徐禎卿

本事詩 唐孟棨

樂府古題要解 唐吳兢

詩人主客圖 唐張爲

風騷旨格 唐僧齊己

詩鏡總論 明陸時雍

以上唐宋元明人所著詩話等見於何文煥所編之歷代詩話及丁（無錫）福保所編歷代詩話者爲多二書正續凡五十六種其中有單行本者亦有不單行本者

浩然齋雅談　三本　宋周密　掃葉山房

詩人玉屑　六本　宋魏慶之　仝上

詩學圓機活法　二集十四卷　八本　明王世貞刊

文心雕龍　梁劉勰　四本　黄叔琳注　河間紀昀評　掃葉山房

蓳齋詩話 王夫之

梅村詩話 一本 吴偉業 太倉人

寒廳詩話 顧嗣立

帶經堂詩話 三十卷八本 王士禎 漁洋詩話 二本 仝上

靜志居詩話 二十四卷 十六本 朱彝尊

蠖齋詩話 施閏章 愚山詩話 仝上

拜經樓詩話 十二本 吴騫

洪北江詩話 洪亮吉 掃葉山房

隨園詩話十六卷補遺十卷八本袁枚

雨村詩話十六卷八本綿州李調元

甌北詩話十二卷四本趙翼 掃葉山房

吳興詩話十六卷四本烏程戴璐

全浙詩話四十七卷二十本會稽陶元藻篁村又鳧亭詩話全

秋谷詩話趙秋谷

榕城詩話二本杭世駿

西河詩詞話毛奇齡

蓮坡詩話查為仁

紀河間詩話三卷二大興邵承熙輯

南浦詩話八卷八李福州梁章鉅

養一齋詩話十卷李杜詩話三卷四李山陽潘德輿

梧門詩話法式善

聽松廬詩話

感舊集詩話盧見曾

柳亭詩話三十卷八李山陰宋長白

共吉紙

一瓢詩話 薛雪

遼詩話 周春

秋星閣詩話 李沂

山靜居詩話 一卷 附錄一卷 一本 方薰 鈔本

雪樵詩話 十二卷 十二本 遼陽楊宗羲

緝雅樓詩話 二卷 一本 南海潘衍桐

圍爐詩話 四卷 二本 崑山吳喬 鈔本

消寒詩話 秦朝釪

綠菴詩話 二卷一本 仁和李堂 道光間刊

石洲詩話八卷一本 翁方綱

尊西詩話二卷二本 張日班

五代詩話十本

古今詩話一集

息亭詩話 陶元藻

雪樵外史詩話一本 江陰 繆煥章

種李園詩話 顏崇椝

星湄詩話二卷一本 崑山 徐傳詩

石遺室詩話四本 侯官陳衍 石印

平等閣詩話二本 狄平子 有正書局

洪吉紙店

唐詩紀事 宋計有功 十本 八十一卷

宋詩紀事 一百卷 三十二本 厲鶚

宋詩紀事補 二十二本 陸心源

本事詩 十二卷 四本 徐釚

眉山詩集

元詩紀事 十二本 侯官陳衍 商務印書館

答萬季野詩問 吳喬

鈍吟雜錄 馮班

江西詩社宗派圖錄 張泰來

茗香詩論 宋大樽

查初白十二家詩評 六本 掃葉山房

律詩定體 王士禎

然鐙記聞 何世基

師友詩傳錄 王士禎答

漫書說詩 宋犖

古詩平仄論 翁方綱

五言詩平仄舉隅 仝上

洪吉紙店

七言詩平仄舉隅　仝上

七言詩三昧舉隅　仝上

談龍錄　趙執信

聲調譜　趙執信

聲調譜拾遺　翟翬

詩學纂聞　汪師韓

說詩晬語　沈德潛

原詩　葉燮

唐音審體　錢木菴
秋窗隨筆　馬位
野鴻詩的　黄子雲
履園談詩　錢泳
説詩管蒯　吴雷發
貞一齋詩説　李重華
漢詩總説　費錫璜
峴傭説詩　一本施補華

洪(?)氏(?)

續詩品　袁枚
揮麈詩話　王兆雲　以上詩話多採於丁福保所編之
餘墨偶談　八本　清詩話內凡四十二種
詩話耐冷談　四本　仁和宋咸熙
藝苑名言　八本　巾箱本　詩法萃編　十五卷　石屏許迎芳
詩觿　五卷　海鹽朱琰輯　詩學正宗　十六卷　明刊　一
詩法針度　詩法入門　四本
詩法指南　二本　掃葉山房

詞總類

花間集 一本 蜀趙崇祚編

絕妙好詞箋 四本 宋周密 查為仁厲樊榭同箋

全唐詞選 二本

古今詞選 六本 吳江沈集選

歷代名人詞選

歷朝詞選

歷代詩餘 一百二十卷 四十八本 影印殿本

詞學全書五種八本毛稚黃

詞學叢書八本秦恩復

詞苑叢談十二本徐釚

詞壇妙品五本

詞律十二本又詞律校勘記二本杜文瀾

詞綜三十四卷八本朱彝尊

清詞綜續編二十四卷六本海盐黃燮

國朝詞雅二十四卷十六本姚階編

國朝常州詞錄 二十卷 八本 繆荃孫 掃葉山房

草堂詩餘 十卷 四本 沈際飛選

草堂詩餘 四卷 四本 宋武陵逸史編

歷朝詩餘廣選 彙選 十五卷 十六本 杭州卓人月珂月

自怡軒詞選 八卷 四本 雲間許寶善

湖州詞徵 二十四卷 四本 朱祖謀

張惠言詞選 一本 掃葉山房

榆園詞叢刻 十六本 許增校刊 七上

共吉氏

花菴詞選 十卷 汲古閣本

靈芬館詞四種 抱芳閣本

詞林記事 十二本 張宗橚

天籟軒詞學四種 二十四本 葉申薌

周氏詞辨 一本 周介存

東坡山谷詞合刻 三本

山中白雲詞 四本 宋張炎

三朝詞綜

宋元明詞

六十家詞 六十本 毛晉汲古閣本

宋六十一家詞選 四本 金壇馮煦

宋七家詞選 三本 吳縣戈載

香研居詞麈 二本 歙西方成培述

白香詞譜 二本 巾箱本

白香詞譜箋

詞林正韻 四本 吳縣戈載順卿

洪氏

宋學齋詞韻 一本 掃葉山房

填詞圖譜 二本 右上

回文類聚 四卷 補遺一卷 六本 宋桑世昌編

楹聯叢話 十二卷 六本 福州梁章鉅

方外集類

支遁集 三卷 晉釋支遁

寒山子集 唐釋寒山子

寒山拾得詩 一本

宏明集 十四卷 梁僧佑 四本 廣宏明集 十九本

禪月集 二十五卷 補遺一卷 蜀釋貫休 汲古閣本 又二本 影宋抄本

白蓮集 十卷 唐釋齊己 舊鈔本 又影明鈔本 二本

潛山集 十二卷 二本 宋釋文珦 舊鈔本

柳塘外集 二卷 一本 宋釋直璨 李氏宜秋館刊

蒲菴集 明釋來復字見心

擔當集 一本 釋普荷字擔當 明末時人 排字鉛印

又 擔當遺詩八卷四本 雞山擔當

西林集 明釋雪圖映 見池北偶談

古今禪藻集 二十八卷 明釋正勉性通同編 自晉迄

明

參寥子集 十二卷 宋釋道潜

夢觀集 五卷 元釋大圭

宋九僧詩集 一本 上海醫学書局本

永明、石屋山居詩 一本

寒山、中峯淨土詩 一本

印光法師文鈔 四本 鉛印

朝天集 一本 明釋法天誠

潛西陽存 一本 鑒江釋雪堂含澈

梵隱堂詩存 五本 釋祖觀覺阿 抄本

蕉堅稿 二本 釋慧藏 東洋刊

皎然集 十卷 二本 唐釋皎然 影宋精抄本 商務印書館印書

楚石大師北遊詩 不分卷 明四明釋楚石撰

山居詩 一卷 明武林釋契靈撰 明刻一本

雲東漫稿 三卷 明釋圖理撰 明刻一本

雪江詩稿 二卷 明海鹽釋明秀撰 二本

歸雲草 一卷 釋心壁撰 宋牧仲校刊 心壁明遺民

閨秀集類

魚元機詩 一本 唐女道士魚元機 掃葉山房本

薛濤詩 一本 唐女校書薛濤 掃葉山房本

漱玉詞 一本 宋李清照易安 有正書局

斷腸詩註前集十卷後集八卷二本 宋朱淑真 南陵徐氏影印元刻本

斷腸詞箋註 二本 掃葉山房 附素樓詞一卷 淮陰蘇楊佩囊撰

漱玉斷腸詞合刻 一本 花簾詞 一卷 香南雪北詞 一卷

和漱玉詞 一本 許慎蘋女士 女史吳藻蘋香撰

竹笑軒吟草初二三集二本 明李因女士
幽恨集一卷 歸雲集一卷一本 鶴湖朱又貞女士
栖香閣詞二卷一本 梁溪顧文婉女士 語字木李
清娛閣吟稿六卷四本 丹徒鮑之女士
胡絁集詩鈔三卷二本 華亭范明貞女士
秋瘦閣詞一卷一本 唐韞貞女士 舊鈔本
珠藂閣遺稿二本 汾香女史朱藻
凝香詩鈔 錢塘柴靜儀女士

長春閣詩 二本 虞山席佩蘭女士 掃葉山房

續太清詩 一本 一名天游閣詩 顧春女士 國光社

歷朝名媛詩詞 四本 十二卷 吳縣陸昶 又 掃葉山房

國朝閨秀正始集 八本 惲珠女士輯 宛顏氏 三十四卷

閨秀香咽集 十卷 四本 任城許夔臣輯 申報館鉛印

閨香詩評 一本 申報館鉛印

閨秀詩話 一本 廣益書局 又 八本 雷君曜輯 掃葉山房

歷代名媛雜詠 四本 邵颿輯

隨園女弟子詩 二本 掃葉山房

歷代名媛詞選 六本 杭吳灝編 掃葉山房

閨秀百家詞選 六本 仁和吳子琴選 掃葉山房

閨秀詞十集詞鈔 二十八本 徐乃昌輯刊 又十六本

女子絕妙好詞 四本 掃葉山房 澹仙詞 四卷 如皋熊璉女士

唐宋婦人集 唐魚元機 薛濤 宋楊太后宮詞 附元 蕙蘭深宮遺稿 傳若金詩

婦人集 卷 陳維崧 鴻藻樓詞 一卷 南海吳尚憙女史

漢四女唐五女詩詞彙稿 本 不分卷 汪烜輝編 二本 恂

宮閨文選二十六卷十本長沙周壽昌選 小蓬萊山館刊

女子古文觀止 張敬禮選 廬益書局

名媛尺牘二本 有正書局 靜一齋詩草一卷長沙周詒蘩茹香

漢魏六朝女子文選 二卷二本 海鹽張維學

龍輔女紅餘志二卷明龍輔女士撰 雜俎內 明毛晉詩詞

在璞堂吟稿一本鳳池閨媛方芳佩 白紙寫刻

閨閣詩鈔八本潯陽蔡殿齊輯

絡緯吟十二卷四本明徐媛寫刻本

本朝名媛詩鈔　六卷　四本　平江胡孝思輯

閨閣詩鈔　十卷　德化蔡殿齊　十本

青樓詩話　一本　華亭雷君曜同編　掃葉山房

青樓韻語　二本　武林朱元亮輯注　仝山

清代閨閣詩人徵略　施淑儀仝編　四本　商務印書館寄售

小檀欒室百家閨秀詞　十集　十本　徐乃昌編　仝上

名媛詩歸　三十六卷　八本　明鍾惺　明刊　各有小傳

返生香附詩文　二本　葉小鸞　光緒年間刊

詩餘類

稼軒詞 二本 宋辛棄疾

樂章集 一卷 校勘記 一卷 二本 宋柳永耆卿

海野詞 一本 宋曾覿

夢窗詞 宋吳文英四卷又補遺續補遺二卷

石湖詞 宋范成大和石湖詞東吳陳三聘

逃禪詞 一本 宋楊無咎

草窗詞 二卷補二卷宋周密

珂雪詞 曹貞吉

玉田詞 一卷 宋張炎

晚香詞 一卷 將陵田同之在田撰

曝書亭詞注 七卷 朱彝尊 李富孫註

梅村詞 一本 吳偉業

二鄉亭詞 一本 宋琬

彭羨門詞

烏絲詞 陳維崧

彈指詞 顧貞觀

峽流詞 二本 王晫

金粟夢月詞 周之琦 字稚珪 祥符人

蘅夢樓詞 郭麐

樊榭山房詞 厲鶚 冬巢居士詞 四卷 汪郭生

飲水側帽詞 納蘭成德字容若滿洲

茗柯詞 張惠言

疏影樓詞 姚燮 過雲精舍詞 二卷一本 金 匱楊夔生

氷蠶詞 承齡字子久滿洲 真松閣詞 六卷二本 金匱 楊夔生

空青詞 邊浴禮 井華詞 二卷一本 秀水沈 景修

水雲樓詞 蔣鹿潭 二卷 憶雲樓詞 四卷二本 錢塘項廷紀 有正書局

小眠齋詞 二卷二本 宜興史承謙蘭清

雲起軒詞鈔 一卷一本 文廷式

彊村詞一本歸安朱祖謀

草窗詞二卷補遺　卷一本宋周密　咸豐間刊

苾芻館詞集六卷四本

郭頻伽詞四種七卷四本

瘦碧詞二卷一本鐵嶺鄭文焯

拜石山房詞鈔四卷一本無錫顧翰蒹塘

綠月樓詞一本甘泉江映綠雪館詞四卷殷鴻二李華亭

眉綠樓詞一卷一本元和顧文彬

消夏詞 一本 嘉興徐夢雨
太素齋詞 二卷 一本 勒方琦
江南春詞 一卷 附考異 一本 鄧廷禎
玉玲瓏館詩詞 一卷 一本 稿本
片玉詞 二卷 蘭臺公餘詞 一卷 宋周邦彥 姚述堯
金梁夢月詞 二卷 懷夢詞 祥符周之琦
琱月樓詞 一本 錢塘張埰
受辛詞 二卷 一本 甘泉王榮 寫刻本 咸豐間

享帚詞四卷二本秦恩復情田詞璸三卷二本大興部

湘瑟詞四卷四本錢芳標

清濤詞一本二卷孔傳鐸

采香詞二本杜文瀾

三影閣詞鈔一本

紅蕚軒詞二卷孔傳鐸

詞曲傳奇類

西廂記八卷八本 六 唐六如文韻 金聖歎批
才子書 元王寶甫撰

西廂記傳奇圖釋六本

拜月亭傳奇 元王寶甫 南
拜月北西廂為時所稱

琵琶記四本

枇杷記傳奇二本 長洲葉堂 舊鈔本

牡丹亭傳奇二卷四本 明湯顯祖 掃葉山房

桃花扇傳奇四卷四本 孔東塘雲亭山人

燕子箋四卷二本 阮大鋮

春燈謎傳奇 阮大鋮

硃批目蓮記

桂枝香傳奇 一本

漁村記傳奇 十六本 妙有山人

全家慶傳奇 佚名

百寶箱傳奇 二本 梅窗主人

千里舟傳奇

補天石傳奇 一本 錬情子 丨

錦箋記傳奇 二本 周螺冠撰 明刊

梅花簪傳奇 二本 張瀲石

梅花夢傳奇 二卷 錢塘張道 光緒閒刊

桃溪雪傳奇 二卷 桐城吳廷康

梨花雪傳奇 四本 石印

梅花夢傳奇 二卷六本 李錢塘張道撰 光緒甲午刊

玉簪記傳奇

長生殿 二卷

拜月亭傳奇

風雲會傳奇 二卷二本 西湖玉泉樵子

擲杯記傳奇 四本 松郡許令則

芝龕記 六卷 填詞 繁露樓居士

滄桑艷傳奇 二本 掃葉山房

尋親記 二卷 六十種曲

酹魂記傳奇 一本

冬青樹傳奇 蔣氏九種內

玉合記傳奇 二卷二本 四川刊

臨川夢傳奇 仝上

念八翻傳奇 二卷四本

共吉張

孺醊福傳奇二卷二本　原板初印

紅樓夢傳奇八卷八本　元和陳鍾麟撰　道光開刊

小蓬萊仙館傳奇　廣益書局本

傳奇彙考六本　掃葉山房

容居堂三種十二本　青帶草堂本

玉茗堂四夢　還魂記　南柯夢　邯鄲記　紫釵記

新曲六種　錢塘夏綸撰

五種曲九本　武進陶氏影印本

綺情樓七種曲 十六本 海鹽黃燮清撰

李笠翁十種曲 二十本 湖上李漁笠翁撰 一種情 奈何天 憐香伴 蜃中樓 風筝誤 慎鸞交 凰求鳳 巧團圓 玉搔頭 意中緣

紅雪樓九種曲 鉛山蔣士銓刊

元人雜劇選 三十種 明息機子刊

續古名家雜劇 五本 玉陽仙史編 二集 三十種

雜劇新編 三十四種 鄒世金編

吟風閣 三十二種

埋劍記傳奇 二卷 影印 明沈璟

洪吉氏書

綴白裘二十四本 掃葉山房本

納書楹曲譜十四卷附四夢八卷廿一本 一作三十本 葉廷懷輯

曲譜八本有工尺 鈔本

繡襦記曲譜二本玻璃板繡像武進董氏印

出閨記曲譜二本仝上

集成曲譜三十二本商務印書館石印

九宮大成南北詞曲宮譜 影印 八十二卷五十本 殿本

元曲選二十四本 明吳興臧晉叔輯

增訂曲苑 二十本 影印巾箱本

崑曲彙刻 雪閣 二十本 琵琶記 拜月亭 西廂記 牡丹亭 春

遏雲閣曲譜 八本

六也曲譜 四本

北曲拾遺 二本 鈔本

陽春奏 八本 尊生館編刻

童雲野刻雜劇 二十種

盛明雜劇 三十種

花萼吟傳奇 二卷二本 錢塘夏綸惺齋續編

空谷香傳奇 二卷三本 鉛山蔣士銓

觀劇指南 廣智書局本 傳奇彙考 六本 掃葉山房

蜀鵑啼 · 合浦珠 天妃廟 三種三本 閩侯林紓琴南撰 商務印書館

曲海 四十六卷 江都黃文暘輯 武進董康校訂 大東書局鉛印

古今雜劇 三十種五本 影印元刻本

太霞新奏傳奇 十四卷六本 明花月居主人評選 影印明刻本

元人百種曲 八十本 明刻本有圖

聲調三譜 四卷 一本 天壤閣叢書本

琴簫合譜 六本

絣笙館修簫譜 二本 舒鐵雲 費丹旭繪圖

柳陰漁笛譜 一本 嘉興馮登府稿本未有刻本

蘋洲漁笛譜 二卷 周密 知不足齋單行本

梅邊笛譜 二卷 一本 李堂撰

萬古愁 一卷年譜一卷 一本 明歸莊

擊筑餘音 一本 明熊開元 按此即萬古愁字句畧異

共[illegible]

木皮散人歌詞一本 賈鳧西影印巾箱本

四湖漁唱七卷四本 海寧許承祖 乾隆間寫刻本

蓬島樵歌二本 正編一卷 續編一卷 象山錢沃臣

江潭漁唱二本

尺牘類

蘇黄尺牘 蘇黄小簡

范文正公尺牘二本 廣益書局

呂東萊尺牘六本 仝上 内簡尺牘十卷四本 宋孫覿仲

張江陵尺牘 張居士

歸震川尺牘

錢牧齋尺牘四本

黄石齋手牘二本

周文忠公尺牘

熊襄愍公尺牘　四卷　四本　熊廷弼

盧史二公尺牘　一本　盧象昇　史可法

金聖歎尺牘　一本　有正書局

曹秋嶽尺牘　二卷　二本　胡蓮峯選

曹李尺牘　二本　曹溶　李良年

小倉山房尺牘　二本　袁枚

惜抱軒尺牘　八卷　四本　桐城姚姬傳

有正味齋尺牘 二本 錢塘吳錫麒

繆蓮仙尺牘 八本 繆艮 抱芳閣本

簠齋尺牘 五本 陳介祺

玉茗堂尺牘 明湯臨川 有正書局

清暉堂尺牘 二本 毘陵惲格 申報館本

汪南溟尺牘 二本

移芝室尺牘 二卷一本 楊彝珍

欣賞齋尺牘

共吉氏[illegible]

晚翠山房尺牘 四本 鈔本

倦圃尺牘 二卷二本

半園尺牘

孫注適軒尺牘

秋水軒許葭村 鴻雪軒龔未齋 尺牘 合刻四本

六梅書屋尺牘

培元堂手札

曾文正公家書 十卷 家訓 二卷 十本 又申報館鉛印

曾惠敏公書牘 曾紀澤 文正子
柏堂書札 十二卷 四本 桐城方宗誠
三名臣書牘
三星使書牘、
薛星使書牘 二本
湘綺樓尺牘 四本 王闓運
許竹篔函稿
春在堂尺牘 二本 又俞曲園尺牘 德清俞樾曲園

樊山公牘 四本 樊增祥

左文襄公手札 左宗棠

知愧軒尺牘

嚶求集尺牘

潛園友朋書簡

尺牘集錦

尺牘一隅 十二本 小板

尺牘初徵 十三卷 四本 李漁

尺牘初桄 六本 又鉛印二本

江湖尺牘

飲食尺牘　　　　　　　胭脂牡丹尺牘　六本

饋貧糧　申報館本

留青采珍　四集　　　　留青新集

酬世錦囊　八本

應酬彙選　八本

鄉黨應酬　四本

依樣葫蘆

瀚海尺牘　八本　陳眉公輯　申報館

歷代名人尺牘精華　之本　陳眉公輯　廣益書局

歷代名人書札　商務印書館

歷代名人小簡　仝上

古今名人書牘

明名人尺牘　抱芳閣本

名人尺牘小品　四本

昭代名人尺牘小傳　二十四卷二本　海鹽吳修采

清代名人手札 六卷 六 李

國朝名人書札 商務印書館

國朝名人小簡 仝上

名賢尺牘 二 李

綠棠吟館書目 末部

綠棠吟館書目

北平稚川居士輯著

叢書類

漢魏叢書 明程榮刻三十八種何允中刻七十六種 國朝王謨刻八十六種又廣為九十四種 分為四集

二酉堂叢書 武威張澍介白輯漢魏佚書三十六種 十二本

玉函山房叢書 歷城馬國翰竹吾輯周秦至隋唐佚書八百餘種分經史子集四編八十本

唐代叢書 一百六十四種二十本所載皆唐人筆記雜俎之屬仁和王文浩輯

玉玲瓏叢書　　種　龔翔麟

問經堂叢書　十本　種　孫馮翼輯

雅雨堂叢書　十一種　德州盧見曾雅雨　二十一本　一函

（十二種一函十三種）

經訓堂叢書　二十一種　鎮洋畢沅秋帆　三十四本

抱經堂叢書　十八種　一百本　餘姚盧文弨抱經

平津館叢書　十集五十三種　六十四本　陽湖孫星衍淵如

岱南閣叢書　十七種　二十本　孫星衍　嘉慶間校刊

貸園叢書　共十二種　十六本　周永年李文藻輯　按此書為經類

知不足齋叢書三十集又續二集二百五十六本歙縣鮑廷博以文
後知不足齋叢書二十五種三十四本常熟鮑廷爵
讀畫齋叢書九十[illegible]本石顧脩附羣賢小集
士禮居叢書種四十本二十三黃丕烈校刊影印
文選樓叢書種六十八本儀徵阮元輯
漢學堂叢書八十本附通德堂經解黃奭輯
惜陰軒叢書種百三五本李錫齡又附續刊
借月山房叢書經学類十六集一百三十五種分經史子集四類張海鵬

湖海樓叢書 陳其年輯 十二種 三十二本 蕭山陳春校刊

榕園叢書 光廷 甲乙丙三集 六十三種 四十八本 番禺李

得月簃叢書 種 本 榮譽

台州叢書 種 本 宋世犖 臨海人

守山閣叢書 一百十種 六百五十二卷 金山錢熙祚錫之 分經史子集

董連筠簃叢書 十二種 本 楊墨林 靈石人

宜稼堂叢書 六十四本 上海郁松年輯刊

別下齋叢書 二十四種 四十八本 海昌蔣光煦輯

別下齋叢書附涉聞梓舊 四十本 商務印書館

拜經樓叢書 廿七種 八本 吳騫 愚谷叢書 三十二本 吳騫

粵雅堂叢書 三十種 本 伍崇曜

海山仙館叢書 種百二十四本 潘仕誠 廣州刻本

豫章叢書 十二種 六本 新建陶氏輯刊 巾箱本

式訓堂叢書 史子類 十四種 十六本 會稽章氏校刊 此書轉

脩本堂叢書 十種 十三本 番禺林伯桐 道光間刊

葛園叢書 十一種 十二本 山陰平氏校刊

重

碧聲吟館叢書 八種 十二本 南昌刊

金陵叢書 四集 一百二十八本 江寧蔣氏校刊

暢園叢書 五種 十本 光緒甲午刊 按此書爲史類

長恩書室叢書 甲集 十種 咸豐甲寅莊氏刊 按此書有兵書農書醫書等 新昌莊肇麟

隨菴叢書 十種 二十四本 南陵徐氏校刊

松鄰叢書 甲乙編 十二本 仁和吳氏雙照樓校刊 按此書有各種書目等約二十種

燕喜堂叢書 五種 八本 任大椿 通行本

三長物齋叢書 種 六十四本 湘潭黃本驥

古愚叢書二十本海陽汪汲按此書有經類詞曲醫藥等凡十七種

適園叢書十二集一百九十二本歸安張氏校刊按此書經史子集各類皆有凡八十種

食舊堂叢書二十四本錢塘汪大鈞校刊按此書經史子集皆有約三十餘種

咫進齋叢書九十一卷二十四本姚覲元編輯歸安人三十五種又二集

啟秀山房叢書初二集十二種十四本

蕙風叢書十二本臨桂況周頤

春暉堂叢書十二種十二本上海徐氏校刊徐渭仁

涇川叢書四十五種六十四本涇縣趙氏校刊巾箱本按此書以經史類為多

共[illegible]

木犀軒叢書二十六種四十本 按此書經類及金石類

嘯園叢書五集四十八本仁和葛氏校刊葛元煦

鐵華館叢書六種六本茂苑蔣氏仿宋刊按此書爲道書類

二思堂叢書十六本福州梁章鉅

天壤閣叢書二十八本福山王氏校刊

翠琅玕館叢書七十五種八十本南海王氏重刊

竹柏山房叢書十五種三十二本閩林春溥按此書考史子之類

積學齋叢書十六本南陵徐乃昌

郋齋叢書二十種十六本南陵徐氏校刊
徐乃昌
靈鶼閣叢書種四十八本元和江標校刊
遂菴叢書正十二本續十二本徐乃昌
懷豳園叢書十四本
昭代叢書一百七十二本沈氏校刊
文選樓叢書種兩六十本阮氏原刊
擇是居叢書十七種六十本張氏適園刻
小玲瓏山館叢書馬日璐

小萬卷樓叢書　種　李金山錢培名

小琅環叢書二十卷五種福州陳壽祺此書專論經

學

檀几叢書　種　李武林王晫

蜚雲閣叢書五種江都凌曙此書專論經學

俞曲園叢書一百六十李德清俞樾蔭甫刻即春在

堂叢書

十萬卷樓叢書一百十十本　陸心源

三十七種

滂喜齋叢書五十四種吳縣潘祖蔭刊

二十四李

奇晉齋叢書十六種平湖陸烜輯刊

紛欣閣叢書十四種平湖陸烜輯刻

粟香室叢書二十八本金武祥江陰人

正覺樓叢書二十八種三十六本

槐廬叢書八十本朱氏家刻本

頤志堂叢書四十卷九十種二十本丁晏撰山陽丁儉卿

功順堂叢書二十四本吳縣潘氏輯刊

藝術叢書四十五種及文房等類四十本廣州刻此書所載書畫

望三益齋叢書十一種十二本光緒間刊

浙西村舍叢書　袁昶爽秋

晨風閣叢書　二十二種　十六本　番禺沈宗畸太侔輯

崇禎叢書　十二種

永嘉叢書　十四種　瑞安孫氏刊

鶴壽堂叢書　二十一種　十二本　高郵汪士鐸輯　此爲經学類

竹柏山房叢書　十四種　三十二本　李閬林春溥　道光閩刊此爲史類

琳琅秘室叢書　四集　二十九種　胡珽　會稽董氏活字排本

連筠簃叢書　楊墨林

半畝園叢書　止刻其半

鐵華館叢書六種　長洲蔣氏刊　六本　光緒間刊

玉雨堂叢書　十種　八本　武林韓氏刊

玉玲瓏閣叢書　龔翔麟

蘇齋叢書　四十九本

求實齋叢書　十五種　十本　湘鄉蔣氏校刊

三怡堂叢書　十四種　六十本　史及詩集

滿樓叢書　十六種　八本　崑山趙氏校刊　所載詩詞等

隋颿樓叢書 十八種 二十四本 仝上 雜類

古逸叢書 四十九本 遵義黎氏校刊

雲自在龕叢書 二十六本 江陰繆氏刊

小石山房叢書 四十一種（虞山顧湘）二十本 常熟顧氏校刊

長恩書室叢書 甲乙集（古兵書之屬 莊肇麟輯）二十種 十六本 咸豐間刊 多

湖北叢書 三十一種 一百本

湖南叢書 八種 三十二本 經學金石之屬

安徽叢書 甲集八種 最近刊 經學之屬

學古齋金石叢書廿四本董氏刻本

行素草堂金石叢書四十本朱記榮輯

藝風堂金石目八本繆荃孫

當歸草堂叢書十種十本錢塘丁氏刊附醫書

篆學瑣著三十種八本虞山顧湘輯刻西泠社

格致叢書四十集　賜硯堂叢書十二本顧沅輯刊

詞學叢書六種十二本江都秦氏校刊

畿輔河道水利叢書九種十本道光附刊

陸桴亭先生遺書 間刊 二十二種二十本 明陸世儀光緒

藤花亭十種 五十八卷 所載多經史之屬

半厂叢書 十六本 杭州刻本十一種

東塾叢書 十本 番禺陳澧

檇李叢書 初集四種 二集一種 十六本

鶴齋叢書 五集三十本 會稽趙之謙校刊

怡蘭堂叢書 六種十本 大關唐氏刊

叢書舉要 四十四本 楊守敬編

叢書書目彙編 四本 武進沈乾一 鉛印

藝海珠塵八集凡百餘種南匯吳省蘭泉之輯
一百六十五種
學津討源二十集一名澤古叢鈔凡一百七十餘種
[illegible]張海鵬若雲輯
墨海金壺一百五十種分經史子集虞山張海鵬
七百二十二卷
珠叢別錄錢熙祚　雕菰樓叢書六十四李焦氏刊
指海十二集錢熙祚
省吾堂彙刻書蔣光弼常熟人五種
涉聞梓舊蔣光煦　勝朝遺事南海吳彌光樸
園輯事五十種
嶺南遺書伍元薇

觀我生室彙稿　羅士琳著　有古書

古經解彙函　廣州刻

小學彙函　廣州刊

百川學海　三續三十二本　陶宗儀．　涉園陶氏校刊

說海　一百四十二卷二十四本　明陸楫編　石印

函海　七百九十一卷　綿州李調元雨村輯刊

湖北先正遺書　七十二種　分經史子集四類

學海類編　凡四百三十餘種　分經史子集四類　曹秋岳編　皆古今逸書　商務印書重印

澤存堂四種　張士俊字書韻書

楝亭五種　曹寅字書韻書　又十二種

戴校算經十種　孔繼涵

茆氏輯十種古書　茅魯山

范氏奇書十二種　明四明范欽刊　所載爲古代子類

胡文焕刻十種　風俗通十卷三餘贅筆一卷聽雨紀談一卷芥隱筆記一卷造化論一卷獨斷一卷孔氏雜說一卷李氏刊誤二卷宜齋野乘一卷資暇集三卷戴氏鼠璞二卷

秘書　二十一種二十四李中箱李嘉慶開刊　所載皆古書如三墳汲冢周書等

寶顏堂秘笈四百五十三卷二百二十三種明陳繼
儒眉公輯文明書局重印
說郛正續一百二十卷元陶宗儀九成輯
吾學編六十九卷三十六本明鄭曉刊所載明季遺
史十六種
龍威秘書十集八十本石門馬俊良中箱本
名賢彙語二十種皆輯明季說部失名
勝朝遺事五十種南海吳彌光樸園輯所載為明季
遺事
快書五十種明練江閔景賢士行纂
鼻烟四種盧江劉聲木輯一本勇盧閒詰一卷趙之謙
勇盧閒話評注一卷周繼遐勇盧閒詰摘錄廣贊袁士那補釋一卷
張義澍

古愚老人消夏錄十七種十六本海陽汪汲所載詩
詞曲及醫書三種
天馬山房叢著一本杭縣馬敘倫鉛印
甌古準今十二種十二本毘陵謝應芳懷古錄
易學贅言輿圖總論辨惑論
謝氏源流 話錄 息廬稿 素行錄 常惺錄 三近齋
梅花渡異林十卷明支允堅刊軼史隨筆時事
漫紀軼語考鏡藝苑閒評
古逸叢書三十卷後卷一卷三十二本明潘基慶選注
明刊又古書叢刊四十本
藕香零拾三十二本繆荃孫校刊
懷雅雜俎八本南陵徐氏校刊

寶彝室集刊八種 五本 晉山朱氏校刊 古樂書 音樂緒餘 三家詞品 瑯嬛館詞 純飛館詞三集 吳氏吉光集 朱氏述德錄 瑞龍崖墓日記

海昌叢載 五本 海昌羊氏刊詩文之類此板已燬

榆園叢書詞類 八本 七家

存古堂叢刻 九本 吳縣王仁俊 鉛印

觀象廬叢書 二十七種 三十本 四川刻 此書所載古逸書經史子類

談藝珠叢 二十七種 十二本 長沙玉尺山房巾箱本

觀古堂彙刻叢書 三十二本 長沙葉德輝 以上附輯刻之屬

亭林遺書十種音學五書顧炎武一作二十種

船山遺書王夫子十本一百二漁洋三十八種王士禎

西河合集毛奇齡 高文恪公四部稾高士奇

萬氏經學五書萬斯大 拜經堂叢刻臧琳臧庸

望溪全集方苞十六種八十一本 范氏遺書六種范家相

文道十書陳景雲 果堂全集沈彤

杭氏七種杭世駿 隨園三十種袁枚

叢睦汪氏遺書汪師韓 戴氏遺書戴震

潛研堂全書 錢大昕　　蘇齋叢書 翁方綱
燕禧堂五種 任大椿 八本　　味經齋遺書 莊存與 十一種 武進
甌北全集 趙翼 通行本　　顨軒所著書 孔廣森 十本
孔叢伯遺書八種 孔廣林　　東壁遺書 崔述 二十四本 道光版
洪稚存全集 洪亮吉 十一種　　錢氏四種 錢坫
授堂集 武億 遺書六種　　高郵王氏五種 王念孫 王引之
劉氏遺書 劉台拱　　經韻樓叢書 段玉裁 二十四本
墨莊遺書 胡承珙　　清白士集 梁玉繩

四錄堂類稿 四十二種刻 七種嚴可均　郝氏遺書 郝懿行

傳經堂叢書 洪頤煊 洪震煊　焦氏叢書 焦循 四十本 江都人

陳氏叢書 陳逢衡　珍埶宧遺書 莊述祖

鄭小谷遺書 六種象州 鄭獻甫　中復堂五種 十六本桐城 姚瑩

武陵山人遺書 十二種 八本 顧觀光

黃氏父子合集 黃鉞九種 黃小田一種 咸豐閒刊 詩及雜記等

去僞齋全集 二十一種 三十八本 明呂坤新吾皆理 學之屬

省吾堂五種 二十五卷 惠定宇著 所載皆經學

隨菴所著書四種二本徐乃昌

汪氏叢書十三種十六本江都汪中以上皆自著叢書之屬

娛園叢刊十種四本

涉園叢刻十二種海鹽張氏排印

佚存叢書三十本商務館石印

笠澤叢書四卷補一卷唐陸龜蒙

心園叢刻二本徐珂排印本

野客叢書三十一卷宋王楙

劉氏聚學軒叢書經部二十三種史部十七種子部十六種集部四種一百本

香艷叢書二十集八十本石印

易藏叢書八本杭辛齋商務印書館

止園叢書七本尹昌衡仝上

類書類

册府元龜 一千卷 二百四十本 通行本 宋王欽若等

太平御覽 一千卷 目錄十卷 一百本 宋李昉等

山堂考索 二百十二卷 宋章如愚

皇覽 一卷 魏繆襲 問經堂輯本

北堂書鈔 五十五卷 唐虞世南

藝文類聚 一百卷 唐歐陽詢

初學記 三十卷 唐徐堅 明安桂坡館校刊

卓氏藻林 八卷 明武林卓明卿輯

七修類稿 五十一卷 續稿 七卷 十二本 明郎瑛仁寶 撰 仁和人

白孔六帖 一百六卷 唐白居易 宋孔傳 通行本

靈檀碎金 六十八卷 十本 排印

天中記 五十卷 明陳耀文 一作六十卷

唐類函 二百卷 明俞安期 一百二十本

錦繡萬花谷 宋闕名 一百二十卷 分前後續三集

古今合璧事類備要 宋謝維新 三百六十六卷 八五集

淵鑑類函二十集康熙中敕編又古香齋袖刊
四百五十卷十本石印又六十本

經濟類編一百卷五十本馮琦明刊

古今類事二十卷五本古今類傳四卷吳興董穀士輯

事類捷錄十五卷八本明鄧志謨刊

類林雜說十五卷二本平陽王明壽

南陽會海對類大全二卷六本通行本

分類字錦六十四卷四十八本康熙間陳邦彥等奉敕編

子史精華一百六十卷二十四本通行本又子史輯要卷又子史羣玉四卷宛陵楊桂臣輯

事物紀原十卷十本宋高承撰
事類賦三十卷宋博士渤撰一作宋吳淑
廣事類賦四十卷無錫華希閔
事類統編四套九十三卷四十八本
省軒考古類編十二卷四本姚廷謙評
元和姓纂十八卷八本唐林寶撰
九史同姓名略七十二卷十二本汪輝祖
滙古精華十四卷十本明刊

修文御覽三百六十卷明鈔本
事物異名錄四十卷八本厲荃撰
事文類聚二百二十二卷宋祝穆
潛確類書四十本　明內府刊
宥軒考古類編十二卷四本姚廷謙評
山堂四攷二百四十卷明彭大翼張幼學
秘殿珠林二十四卷乾隆間張照梁等編
董氏日鈔九十七卷附紀要十九卷元董震

說類六十二卷十本明刊
海錄碎事二十二卷二十本宋葉廷珪明刊
鴻書百八十卷二十本明宣城劉仲達明刊
古今雜錄秘典八本明陳繼儒
增補事類通編十二本商務印書館
玉海二百卷附雜海八十本藩庫本宋王應麟
角山樓類腋十六本分天地人物四集
精華類纂三十卷六本

文選錦字二十一卷十二本 明吳興淩廸知 明刊

津逮秘書二十集百六十本 毛氏汲古閣刊

小嫏嬛館類書十二種

類篇十五卷十四本 曹建楝校刊

玉篇三十卷五本 曹氏刊

稗海七十四種 明商濬輯

汪龍莊遺書八種 蕭山汪輝祖 學治臆說 學治續說 學治說贅 佐治要言 續佐治藥言 病榻夢痕錄 夢痕餘錄 雙節堂庸訓

叢書緊要八十二卷江西李氏活字本

談徵一套

對類大全二十卷舊抄本

五車韻瑞一百六十卷明凌稚隆

海類篇

佩文韻府一百六十本康熙間敕編

韻府約編二十四卷錫山鄧愷巾箱本

辭源兩冊商務印書館

書目類

崇文總目輯釋五卷補遺一卷宋王堯臣等 粵雅堂刊

宋衢州本郡齋讀書志二十卷汪士鍾校刊

宋袁州本郡齋讀書志四卷後志二卷宋晁公武考異一卷附志一卷趙希弁 海寧陳氏刊

子略四卷目錄一卷宋高似孫 百川本

直齋書錄解題二十二卷宋陳振孫

宋元舊本書經眼錄三卷附錄二卷二本 獨山莫友芝影宋本

藝芸書舍宋元書目 一本汪士鍾校刊

宋元書目三種 四本江標

永樂大典目錄六十卷 二十本

天一閣書目 十本范欽

天一閣見存書目 四卷 四本薛福成編

欽定四庫全書總目提要 二百卷 乾隆間勅撰 武英殿本

欽定四庫簡明目錄 二十卷 仝上

四庫未收書目提要 五卷 一百七十五種 阮元刊

欽定天祿琳瑯書目十卷續二十卷刊十本王先謙校

文瀾閣所存書目五卷四本壬子年所存書

文瀾閣書目索引一本楊立誠鉛印

文瀾閣書目 四本 浙江圖書館

浙江採進遺書總錄目十卷十本

國朝未刊遺書志略

揅經室經進書錄阮元

四庫全書及未收書目索引四卷三本陳乃乾鉛印

四庫目略　二十卷　十本　繆荃孫敬批　初印

四庫全書表文箋釋

彙刻書目　十二卷　十二本　桐川顧修

續彙刻書目　十本　羅振玉

彙刻書目外集　六本　日本刊

鐵琴銅劍樓書目　二十四卷　十本　常熟瞿鏞

傳書堂書目　十二卷　四本　烏程蔣汝藻傳鈔本

鐵華館藏集部善本書目　一本　瑞安陳氏校刊

補後漢書藝文志 一卷 攷十卷 六本 常熟曾樸

補晉書藝文志 四卷 附録一卷 四本 常熟丁國鈞

隋書經籍志考證 十三卷 四本 會稽章宗源

元史藝文志 四卷 元史氏族表 三卷 三本 局刊

宋秘書省四庫闕書目

秘書省續編四庫闕書目

徵刻唐宋秘本書目

楊守敬所得秘書目

元西湖書院書目

宋元書影 九本虞山瞿氏以所藏宋元善本首頁影印宣紙

明季書目

國史經籍志 六卷五本粵雅堂本

經籍訪古志 六卷補遺一卷鉛印八本日本澁江全書

溫州經籍志 三十三卷外編二卷辨誤一卷瑞安孫詒讓

經籍錄要

唐書經籍志

宋元本行格表

八史經籍志 十六本

殷契書錄 二卷一本台州陳振東

毘陵經籍志

杭州藝文志 十卷

海源閣宋元秘本書目 四卷 一本 聊城楊保彝輯 鉛印
秦漢十印齋藏書目 四卷 四本 茂苑蔣鳳藻傳鈔本
持靜齋書目 五本 豐順丁氏刊
持靜齋藏書紀要 二卷 二本
丁氏書目 三十六卷 十六本 錢塘丁丙松生撰
孫氏祠堂書目 四卷 二本 陽湖孫星衍淵如
廉石居藏書記 一本 孫星衍
東海藏書樓書目 六本 青田徐元中 鉛印

萇楚齋書目二十二卷徵訪書目一卷廬江劉聲木
鉛印山本
丁瞿楊三家書目
行素堂目覩書目
羣碧樓善本書錄六卷寒瘦山房鬻存善本書目七
卷江寧鄧邦直
絳雲樓書目靜惕堂書目鈔本
書目舉要一本漢陽周貞亮南城李之鼎同編
商務印書館
書目答問四本南皮張之洞撰分經史子集四類

留真書目　十二本　楊守敬校刊
詞林書目

得月樓書目
楝亭書目

遂初堂書目
振綺堂書目

稽瑞樓書目
萬卷樓書目

千頃堂書目　三十二卷　黃虞稷
八千卷樓書目　二十卷　錢塘丁氏

二徐書目　六本　傳是樓　培林堂刊
菉竹堂書目

結一廬書目
抱經樓書目

季滄葦書目
上善堂書目　一卷　孫從添

學古堂書目 四卷 一本

述古堂書目 鈔本

汲古閣校刊書目

琉璃廠書肆記 一卷 李文藻 續記 一卷 一本 繆荃孫

讀書敏求記校證 六本 長洲章鈺

書林清話 十卷 四本 長沙葉德輝 鉛印

書林餘話 二卷 二本 長沙葉德輝 鉛印

郋園讀書志 十六卷 十六本 長沙葉德輝

求古居書目 一本

好古堂書目 一本 江蘇圖書館影印

郘亭書目 十六卷 獨山莫友芝

鄭堂讀書記七十一卷二十四本烏程周中孚

士禮居藏書題跋記六卷四本吳縣黃丕烈

皕宋樓藏書志一百二十卷續四卷三十二本陸心源

藝風堂藏書記八卷續八卷六本江陰繆荃孫

滂喜齋藏書記三卷附録鉛印一卷二本長洲葉昌熾

善本書室藏書志四十卷附録一卷十六本錢塘丁丙

蕘圃藏書題識十卷補遺一卷繆荃孫長洲章鈺刻書題識一卷江陰

愛日精廬藏書志附續志十本張金吾

郡齋讀書志二十卷四本姚應績編王氏刊

東塾讀書記二十一卷四本陳澧

何義門讀書記十二本

適園藏書志

開有益齋讀書志六卷四本上元朱緒曾初印

殷契書錄二卷一本東台陳振東鈔印

曝書雜記

藏書紀事詩七卷六本長洲葉昌熾菊裳 原刊足本

台州經籍志四十卷十六本臨海項元勛　鉛印
金華經籍志二十四卷外編一卷八本永康胡宗楙
浙江圖書館藏書目八本鉛印
武林藏書錄三卷二本錢塘丁申
江蘇圖書館書目二編三本附畫目鉛印
江蘇第一圖書館覆校善本書目四本鉛印
江南圖書館善本書目一本鉛印
南通圖書館第一次目錄六本鉛印

禁書總目四種　四本　心進齋本　影印

禁書總錄二卷附錄一卷二本　陳乃乾編　鉛印

古今僞書考一卷姚際恆　足不足齋本

諸宗章疏錄　真宗教典志

蓮門經籍錄　嘉興藏目錄

南北藏目錄畧記

新學僞經考十四卷四本　南海康有爲文石印

古今僞書考釋二本　近人金受申鉛印　文奎堂本

小說類通俗演義之屬

開闢演義 一套

封神演義 褚人穫撰 一名封神榜 二十卷

東周列國志 二套 蔡元放評點 一百零八回

西漢演義 二套 黄士恒撰 東漢演義 二套 仝上

三國志演義 二套 明羅本撰 六十卷 二十本 一百二

十二回

南史演義 杜綱撰 北史演義 仝上

隋唐演義 二十卷 二十本 褚人穫撰 乾隆間四雪

堂刊 又石印 鉛印

共吉紙店

說唐 五十五回 二十本 一名說唐全傳 一作六十八
四後傳 五十五回

西遊真詮 二套 悟一子批 一名西遊記 一百回 陳士斌

七俠五義傳 石玉崑撰 忠烈小俠五義傳 仝上

續小五義 石振之撰

鏡花緣 二套 一百回 二十本 李松石撰

五代殘唐傳

水滸全傳 二套 金聖歎批 名五才子 元施耐菴撰

蕩寇志 二套 俞萬春撰

說岳全傳八本八十四回　精忠二套

南北宋二套　楊家將一套

元史演義六本田騰蛟撰

英烈傳十卷四本明初事　續英烈傳四本

永樂演義　儒林外史吳敬梓撰

鐵冠圖四本

廿四史通俗演義八本鉛印從上古至明末

九龍傳四十回卷六本

三寶太監下西洋通俗演義

雍正劍俠傳　　年大將軍平西傳

左公平回記　　湘軍平逆傳

永慶昇平傳　四套以上歷史長篇小說、二十四卷九十七回郭廣

龍圖公案　十卷四本　　包公案　十卷四本

施公案　二套　　彭公案　二套

李公案　一套　　藍公案　以上偵探

紅樓夢　一百二十回二十四套一名石頭記曹雪芹

續紅樓夢 二套 三十卷 十

紅樓夢補 申報館 四卷 四

紅樓圓夢 四本

新紅樓夢 六本

紅樓夢圖詠 抱芳閣本

紅樓夢本義約編 仝上

石頭記評贊 仝上

青樓夢 六本

鴛鴦夢 四本

蘭花夢 八本

綺樓重夢 六本

二十載繁華夢 四本

花月痕 眠鶴道人撰

二度梅 一套

平山冷燕 一套 六卷 六本

雪月梅 鐫陳朗 五十回 六本 申板

共計

聽月樓 四本　品花寶鑑 二套 二本 六十回 十

白圭志 四本 十才子 崔象川 一名情史 小說 二十四卷 以上言情

西來演義　西遊補 中報館本

昇仙傳 二套　韓湘子 一套

綠野仙蹤　濟公傳 一名醉菩提

禪真逸史 四十回 二十本 清溪道人

女仙外史 二套 以上仙佛類

野叟曝言 口一百五十四回 明季 卷 江陰夏

草木春秋 五卷 四本

綠牡丹 六本六卷

雙鳳奇緣 八十卷 十二 本 四

雲合奇踪 十卷 六本 明徐渭

檮杌閑評 二套 五十卷 十 二本 載魏忠賢事

十粒金丹 八本

兒女英雄傳 二套 四十四

俠義風月傳 四本 遊方外客評

瓊華傳 六本

老殘遊記 四本 掃葉山房

林蘭香 六十四回 八本 申報館 隨緣下士

金瓶梅 二套 以上雜類

聊齋志異 二套 滿川蒲松齡留仙撰 十六卷 八本

聊齋拾遺 一本 廣智書局

留仙外史 仝上

夜譚隨錄 一套
子不語 袁枚 一名新齊諧
新聊齋
今古奇觀 四十卷 明抱甕老人選
拍案驚奇 六本
挑燈新錄 一套
夜雨秋燈錄 一套 宣鼎撰
螢窗異草 一套 長白浩歌子撰

諧鐸 一套 十二卷 六本
續子不語
女聊齋 四本
五續今古奇觀 六本
西湖佳話 一套
蟲鳴漫錄 二本
正續客窗閒話 二套
無稽讕語 一套

蘭苕館外史　十卷十本　桐城許奉恩　一名里乘
蝶階外史　一套　掃葉山房　以上札記小說
燕山外史　四卷四本　秀水陳蘊齋撰　駢體文
遯窟讕言　吳郡王韜紫詮　松陰漫錄　仝上　申報館本
小說叢考　二本　青浦錢靜方　商務印書館
小說考證　三本　諸暨蔣瑞藻　仝上
小說考證續編　二本　仝上
小說考證拾遺　一本　仝上

洪吉氏書

虞初新志二十卷　虞、虞初志四十卷

騙術奇談四本　華亭雷瑨

林蘭香八卷六十四回十二本　隨緣下士

醒世姻緣一百回二十四本

平妖傳八卷四十回八本

于少保萃忠全傳十卷　孫高亮

澆愁集　遣愁集八本　張貴勝　商務印書館

道聽途說　卷潘綸恩

彈詞

再生緣 清香葉閣主人撰 二十卷
筆生花 心如女史撰十六 李
來生福 三十六回橋中閑叟撰
娛萱草 橋道人撰 三十二卷
藕絲緣 吳縣程瞻廬撰
孝女蔡蕙 吳縣程瞻廬撰
哀梨花 吳縣程瞻廬撰
明月珠 仝上 以上八種商務印書館
同心梔 吳縣程文棪撰 仝上
再造天 十六卷十六回 道光間刊
天雨花 十六 李
玉釧緣 三十二卷六十回
混元盒 四十 李
昇仙傳 五十六 李

二十一史彈詞注十二卷八本　明楊慎

玉蟾蜍明于忠肅後身事　十美圖明嚴嵩事

大紅袍明海忠介公事　白蛇傳

三笑姻緣述明季唐祝文周四解元事　玉蜻蜓又名芙蓉洞

六月雪　白羅衫

玉堂春　紅梅閣

二度梅　蝴蝶夢

賣油郎

游戲書籍類

文章游戲 二套 繆艮蓮仙

解人頤 一套八本

更豈有此理 四本

滑稽詩話

笑林廣記 四本

王荷隱語 六本 袖珍本

邃漢齋謎話 一本 吳江薛鳳昌 商務印書館

一夕話 卓吾 一套四卷 明李贄

豈有此理 四本

古文滑稽類鈔 中華書局

新天花亂墜 廣益局本

醉齋謎選 抱芳閣本

悔不讀書齋燈謎稿 四本

橐園春燈話 二本 古閩張 趙南公上

共吉紙言

俞曲園燈謎 四本 石印

酒令叢鈔 四本 敦信 金園俞

益智圖 二卷 二本

詩鐘偶錄 鈔本 一本

巧對續錄 二卷 福州 梁恭辰

戲法圖說 六本 石印 中箱本

幽夢續影 一本

我佛山人滑稽談 吳研人

春燈新謎十五種

七巧圖 八本 附校 商務印書館

打馬圖 一本

巧對錄 八卷 福州梁章鉅

俗語對 一本

幽夢影 一本 張潮等

古今滑稽文選 六本 華亭雷君曜輯

樊山滑稽集 一本 以上三種 掃葉山房

雅趣藏書 二本 此皆西廂為制藝 吳門錢書 文苑滑稽談 內有詩話詞話聯話謎話詩鐘等 掃葉山房

湧幢小品 三十二卷 怡情小品 一套

藤香館小品 一套 小品六十種 螾萱室編 掃葉山房

煙畫東堂小品 二十五種 江陰繆氏 促織經 一本 抄本

四生譜 一套 以上游戲之屬

雜類補遺

靈檀碎金 六十八卷 漁隱叢話 四十卷 宋胡仔

金薤琳琅 二十卷 都穆 敏求齋述記 箴 十六卷 陳世

七緯三十八卷趙鹿園　古微書三十六卷孫瑴

清秘述聞十六卷續八卷蒙古法式善　日譜三十卷孫奇逢

籀廎述林十卷孫詒讓　札迻十二卷孫詒讓

玉芝堂談薈　金鶏談薈十四卷歐陽立之見排字本

餘冬敘錄六十卷何燕泉孟春明人　稽古日抄八卷長洲彭芝庭

學古堂日記四本吳縣董瑞春　學統五十三卷孝感熊賜履道光間刊

范氏奇書存十二種明四明范欽　貞白五書四本明馮柯

檮[illegible]隨筆三十卷明成都楊宗吉　讀書日記八卷安邱劉源淥

樵書初編六卷二編十二卷蕭山來集之

讀書雜抄二卷宋魏了翁蓉塘雜纂十卷明仁和姜南

寄菴雜著十二卷錢塘張應昌顏山雜記四卷益都孫廷銓

懷幽雜俎八本南陵徐氏袖海樓雜著二卷嘉定黃汝成

訂偽雜錄十卷青浦胡鳴玉鄖署雜抄十四卷紫山汪爲熹

讀書雜識十二卷仁和勞格讀書雜志七十四卷王念孫

讀書鏡十卷明陳繼儒曉讀書齋雜錄四卷洪亮吉

羣書拾補三十八種盧文弨羣書校補二十四本陸心源

讀書紀數略 五十四卷 十本 宮夢仁

儒門法語 二卷 華亭倪元坦 又銘印

趙梅峯先生語錄 四卷 二本 明趙仲全

菜根談 一本 洪應明

荆園小語附荆園進語 一本 申涵光

澄懷園語 四卷 一本 張廷玉

聰訓齋語 一本 張英 以上五種皆語錄

智囊補 二十八卷 明馮夢龍輯

臞仙神隱四卷 四李明湖文煥校刊此書載製物蒔門花攝生飲食等類

隱居通議三十一卷 六李元劉壎

揚州畫舫錄十八卷 儀徵李斗

吳門畫舫錄二卷 西溪山人編

秦淮畫舫錄

藝概六卷 興化劉熙載 銘印

蕉窗九錄九卷 明項元汴 紙錄 墨錄 筆錄 硯錄 書錄 帖錄 畫錄 琴錄 香錄

傳家寶四套 石天基

一家言 四套 李漁　萬寶全 二十四卷 兩套

人壽金鑑 二十二卷 程得齡　安東雲麓漫抄 十五卷 宋趙彥衛

紺珠集 十三卷 宋朱勝非 抄李　廣治平畧 四十四卷 平江蔡方炳

海內奇觀 十卷 明楊爾曾 明刊有圖　漁瀛廬志 六卷 華陽王芝子

讀書脞錄 七卷 孫念祖　羣書疑辨 十二卷 萬斯同

汲家周書 十卷 明章檗刻本　汲家周書輯要 一本 梅霞 郝懿行

世史類編 四十二卷 李純卿 臨淄　儒林宗派 十六卷

滙東手談 三十二卷 史珥 鄱陽　藝林伐山 二十卷 明楊慎

格致鏡源一百卷二十四本陳元龍
格致古微六卷四本王仁俊
物理小識十二卷明方以智
奇器圖說四卷明鄧玉函 諸器圖記一卷明王徵 通行本
古今秘苑四卷二本巾箱本
墨娥小錄八本巾箱本
多能鄙事一套明劉基
通天曉八本 續四本石印巾箱本

高厚蒙求 後卷述日晷鐘表製法 松江徐朝
隨園食單 一本 袁枚

易筋經 一本 千頃堂本
少林棍法 三本 掃葉山房

八段錦 一本 商務印書館
劍法真傳 三本 千頃堂本

百鎮全書 會文堂
千鎮全書 仝上

桃花鎮全書 仝上
金光斗臨經 仝上

太古演禽
元也里可溫考 一本 陳垣 鉛印

博雅備考 二十七卷 彭城 張彥琦 雍正間刊
便宜小效畧存 二卷 安化 賀宗章

續理學宗傳 四卷 何桂珍

二酉彙刪 二十四卷安邱王訓康熙間刊 吹綱錄 六卷 吳郡葉廷琯

記事珠 十卷嘉慶間刊 毘陵張以謙名山藏副本 二卷 孫周華

居敬軒箴中 五秘 西湖林文龍韓抄本 多識錄 四卷 連平練恕

珍珠船 四卷 陳繼儒 太平三書 十一卷濟南張萬順治間刊

北京歷史風土叢書 二本 瞿宣穎 鉛印 文奎堂

燕都叢考 共三編三本 陳宗蕃 鉛印 文奎堂